BOKEN OM ETT UNIVERSITET

Lars-Arne Sjöberg

Utgivna böcker av samma författare:

1.   Lever vi på räntan eller tär vi på kapitalet?
2.   Vårt dagliga bröd giv oss...i morgon?
3.   Fossil energi på väg ut
4.   Nu blir vi digitaliserade
5.   Framtidstro eller klimatångest
6.   Såga, bränna, koka eller...?
7.   Avfall – resurs eller problem?
8.   Dagens och morgondagens kemiteknik
9.   Textilier - idag och i morgon
10. Svensk kemiindustri
11. Kemiindustrin – En framtidsbransch?
12. Plast på fel plats – I havet och på land
13. Kemikaliejordbruk eller ekologiskt jordbruk
14. Mat från jord och vatten
15. Fossilbil eller fossilfri bil
16. En hoppfull framtid.... Eller hopplös
17. Skogen – vår räddning fem i tolv`?
18. Klimatkrisen – vi lämnar spår efter oss!
19. Fossil energi på väg ut – Men vad kommer i stället
20. Samhälle, klimat, miljö -En antologi om vår framtid
21. Svensk kemiindustri – Branschen, företagen, proces-
     serna
22. Skogen...med nya ögon
23. Grön energi – en utopi? Möjliga och omöjliga lösningar

ISBN: 978-91-8097-076-1 Bok
ISBN: 9789181148732 E-bok
© 2025 Lars-Arne Sjöberg
Förlag: BoD · Books on Demand, Östermalmstorg 1,
114 42 Stockholm, Sverige, bod@bod.se
Tryck: Libri Plureos GmbH, Friedensallee 273,
22763 Hamburg, Tyskland
Alla rättigheter förbehålls
Foto framsidan: Karlstads Universitet
Övriga bilder är fria bilder på internet.

Förord

Att börja studera vid ett universitet eller högskola innebär för många att komma in i en helt ny värld. Från gymnasiets lärarledda ansvarstagande blir studenterna nu själva ansvariga för sin egen väg genom åren vid lärosätet. Universitetet har en lång och rik historia, och dagens högskolevärld har formats av politiska beslut, vetenskapliga ledare och samhällets förändringar.

Samtidigt formas universitetsmiljön inte enbart av lagar och förordningar utan av människorna, som är själva universitet. Det är viktigt att komma ihåg att mycket inom universitetsvärlden präglas av traditioner, som vuxit fram under lång tid. Därtill finns det många olika uppfattningar och oskrivna regler om vad ett universitet är, eller borde vara.

Denna skrift försöker förklara varför dagens universitet ser ut som de gör. Innehållet är generellt och inte specifikt för något lärosäte. Tyngdpunkten ligger i att ge bakgrunder, reda ut viktiga begrepp, klargöra vem som ansvarar för olika beslut, vad som döljer sig bakom olika titlar och hur kvaliteten säkras för att uppnå en högklassig akademisk värld.

En bok av detta slag har naturligtvis ett *bäst-före-datum*, eftersom lagar och förordningar förändras över tid.

Karlstad i maj månad 2025
Lars-Arne Sjöberg
Prof.em.

1. UNIVERSITETEN VÄXER FRAM

Universitetsvärlden kan förefalla svårbegriplig för en utomstående. Dagens universitet har formats under århundranden och kommer att fortsätta att utvecklas utifrån framtidens behov.

Universitetens historia sträcker sig över mer än tusen år bakåt och har sina rötter i antikens akademier, och de moderna universiteten började utvecklas under medeltiden i Europa.

Universitetet i Bologna (1088, Italien)

Ofta betraktas universitetet i Bologna som det första riktiga universitetet. Detta grundades 1088 och är fortfarande i drift.

År 1088, eller möjligen 1087, började en man vid namn Irnerius undervisa i den italienska staden Bologna. Ämnet för hans föreläsning var den omfattande samling romerska lagar, sammanställda under kejsare Justinianus mer än ett halvt årtusende tidigare, som nyligen hade återupptäckts.[1] Under medeltiden växte universitetsväsendet fram i Europa, ofta med stöd från kungar och påvar, vilket bidrog till att skapa akademiska miljöer utanför kyrkans direkta kontroll. Förutom juridik började universiteten erbjuda studier i teologi, medicin och de fria konsterna (grammatik, retorik, logik, aritmetik, geometri, musik och astronomi).[2]

Universitetet var från början en sammanslutning av lärare och lärjungar som bildades kring några lärda män. Detta skedde spontant och oberoende av det kyrkliga skolväsendet. Sammanslutningen kom genom ett privilegium av kejsare Fredrik Barbarossa år 1158 i åtnjutande av särskilda friheter.

Till skillnad från universitetet i Paris, där studenterna ofta var pojkar eller ynglingar, utgjordes de studerande i Bologna till övervägande del av äldre, andliga och världsliga herrar.

Universitetets fria ställning inskränktes år 1219 när påven Honorius III gav inspektionsplikt åt ärkediakonen av Bologna. Dittills hade ansvaret för läroplanen, examina och promotioner uteslutande legat i händerna på doktorskollegiet. Under loppet av 1200-talet utvidgades universitetet förutom den juridiska fakulteten med en filosofisk fakultet, som här även omfattade den medicinska fakulteten.

I motsats till andra medeltida universitet (som Paris, där teologer och kyrkan dominerade) hade Bologna en mer juridisk och studentstyrd struktur i början. Men över tid växte professorernas makt, vilket lade grunden för ett professorsvälde.

Studentstyrt universitet (1100–1200-tal)

Bologna var ursprungligen ett **studentstyrt universitet**, där studenterna anställde och avlönade sina professorer. Studenterna hade makten att avsätta professorer om undervisningen inte höll måttet.

Universitetsstyret baserades på studentgillen (så kallade *universitates*), som organiserade utbildningen och fastställde professorernas anställningsvillkor.

Professorsväldets framväxt (1300-talet och framåt)

Med tiden skedde en maktförskjutning, där professorerna började få mer kontroll över undervisning och forskning.

Universitetet i Bologna

Staten och kyrkan fick också ökat inflytande, vilket ledde till att studenterna förlorade en del av sin tidigare makt. Professorsväldet tog form genom att professorerna fick livslånga anställningar och kunde bestämma över rekrytering av nya kollegor. En akademisk hierarki etablerades, där seniora professorer hade stort inflytande över universitetets styrning. Professorsväldet vid Bolognauniversitetet växte fram gradvis när makten förflyttades från studenter till professorer. Bolognamodellen påverkade många andra europeiska universitet och bidrog till den traditionella akademiska hierarkin, som fanns i århundraden.

Universitetet i Bologna var känt för att vara ett av de första där studenterna hade ett stort inflytande, men med tiden växte professorsväldet fram.

Professorernas möten på torget

Under medeltiden samlades professorerna ofta på offentliga platser, såsom torg eller andra öppna ytor, för att diskutera och fatta beslut om undervisning, akademiska regler och anställningar.

Detta kan jämföras med en form av tidig akademisk självstyrelse, där universitetens professorer hade en stark autonomi gentemot staten och kyrkan. Professorerna började organisera sig mer formellt, och deras möten blev institutionella snarare än spontana sammankomster på torget.

Till slut blev universiteten mer hierarkiska, där professorerna själva rekryterade sina efterträdare och styrde akademiska frågor utan direkt påverkan från studenter.

Samlingarna på torget kan ses som en symbol för en tidig form av akademisk demokrati, där universitetet fungerade som ett självstyrande kollektiv. Med tiden institutionaliserades dessa möten i form av akademiska senater och fakultetsmöten, där professorsväldet tog en mer fast form.

Studieområden

De fyra traditionella fakulteterna var teologi, juridik, medicin och de fria konsterna (grammatik, retorik, logik, aritmetik, geometri, musik och astronomi). Latin var det dominerande språket vid universiteten. Humanismen ledde till att klassiska språk och historia fick större betydelse. Galileo Galilei och Isaac Newton bidrog till att förändra synen på naturvetenskap och matematik. Boktryckarkonsten (1450-talet) möjliggjorde spridning av akademiska verk och kunskap.

Koppling till dagens Bologna-process

Dagens **Bolognaprocess** (från 1999) syftar till att skapa ett gemensamt europeiskt utbildningsområde, men den har också lett till diskussioner om maktstrukturer vid universitet. Vissa menar att en ny form av professorsvälde kan ha uppstått, där den akademiska eliten fortfarande har stort inflytande över universitetsstrukturer, trots demokratiseringsreformer.

Bolognaprocessen syftar till att underlätta rörlighet för studenter och akademiker, öka jämförbarheten mellan examina och höja kvaliteten på utbildningen i Europa.

Kopplingar till Bolognaprocessen inkluderar:
1. **Strukturen**
   Högre utbildning delas in i kandidat-, master- och doktorandnivåer, vilket gör det enklare att jämföra examina internationellt.
2. **ECTS-poängsystemet**
   European Credit Transfer and Accumulation Sy-

stem används för att mäta studietakt och underlätta utbytesstudier.

3. **Kvalitetssäkring**
   Nationella och internationella utvärderingssystem stärker utbildningskvaliteten.
4. **Livslångt lärande**
   Fokus på att främja utbildning för alla åldrar och skeden i livet.
5. **Internationell rörlighet**
   Studenter och lärare uppmuntras att studera och undervisa utomlands.

Den moderna Bolognaprocessen är en central del av det europeiska utbildningslandskapet och en viktig drivkraft för att harmonisera utbildning i Europa.

Tyska Humboldts universitetsmodell

Den tyska Humboldts universitetsmodell, skapad av Wilhelm von Humboldt i början av 1800-talet, är en inflytelserik utbildningsfilosofi, som har format universitet världen över. Modellen revolutionerade synen på högre utbildning genom att betona forskningens centrala roll och kopplingen mellan undervisning och vetenskaplig utveckling.

Principer i Humboldts universitetsmodell

1. **Enhet mellan undervisning och forskning**
   Studenter och lärare engageras i forskningsarbete. Lärande handlar inte bara om att ta emot kunskap utan att själva bidra till vetenskapen.

2. **Akademisk frihet**
   Studenter har frihet att välja sina studier och forska utan politisk eller religiös påverkan. Lärare har frihet att undervisa och forska utan statlig inblandning.
3. **Personlig bildning**
   Utbildning ska inte bara ge yrkeskunskaper utan också utveckla individens karaktär och kritiska tänkande. Fokus på helhetsbildning snarare än specialisering.
4. **Universitetet som forskningsinstitution**
   Forskning är universitetets centrala uppdrag. Kunskap skapas genom forskande och inte enbart genom att förmedla gamla sanningar.

Fördelar med Humboldtmodellen
Ständig utveckling av ny kunskap och kritiskt tänkande. Studenter utvecklar självdisciplin och ansvar. Fokus på förståelse och analys snarare än inlärning av fakta. Många framsteg har uppstått genom fri forskning.

Humboldtuniversitetet

Nackdelar och utmaningar

Modellen kan vara dyr att upprätthålla eftersom forskning är kostsamt. Passar bäst för självständiga och motiverade studenter. Modellen fungerar bäst i små grupper och högre akademiska nivåer. Vissa menar att modellen favoriserar akademisk elitism.

Humboldtmodellens påverkan idag

Modellen har haft stort inflytande på universitet över hela världen, särskilt i Europa och Nordamerika. Idag används principerna ofta inom forskningsintensiva universitet, medan andra lärosäten har anpassat modellen för att möta moderna krav.

I det fortsatta gäller uppgifter om **universitet** i tillämpliga delar naturligtvis även för **fackhögskolor** och **högskolor**.

2. DEN UTBILDNINGSPOLITISKA DEBATTEN

Den svenska politiska debatten om akademisk utbildning under det senaste århundradet har präglats av frågor om tillgänglighet, kvalitet, likvärdighet och arbetsmarknadsanpassning. Reformen av universitetssystemet under 1970-talet syftade exempelvis till att minska klasskillnader och främja regional rättvisa genom att etablera nya högskolor i hela landet.

Samtidigt har globaliseringen ställt frågor om kvalitet och internationell konkurrenskraft på sin spets. Kritiker har ofta uttryckt oro för att en ökad tillgänglighet till högre utbildning kan ske på bekostnad av den akademiska standarden. Under senare år har dessutom anpassningen till arbetsmarknaden blivit en central fråga. I den politiska diskursen har utbildningens betydelse för individens anställningsbarhet och samhällets kompetensförsörjning fått allt större vikt.

1900–1950: Elitens utbildning och folkbildning

I början av 1900-talet var högre utbildning i stor utsträckning förbehållen en liten elit, ofta från samhällets övre skikt. Som en reaktion på detta växte folkbildningsrörelsen och studieförbunden fram, med en stark övertygelse om att utbildning borde vara en rättighet för alla – inte ett privilegium för ett fåtal.

De politiska debatterna under denna period kretsade i hög grad kring behovet av att demokratisera utbildningen och göra universiteten tillgängliga för bredare grupper i samhället. Under 1900-talet – särskilt efter andra världskriget och under socialdemokratins inflytande – genomfördes en rad reformer med syftet att öka tillgängligheten och skapa en mer jämlik utbildningsstruktur. Samtidigt växte också kraven på kvalitet och arbetsmarknadsanpassning, något som fortsatt präglar utbildningsdebatten än i dag.

Karlstads universitet

1950–1990: Utbyggnad och jämlikhet

Efterkrigstiden präglades av ett starkt fokus på välfärdsstaten, där utbildning sågs som ett centralt verktyg för att främja social rörlighet. Under 1960-talet hade den svenska regeringen ett omfattande inflytande över universitetens och högskolornas verksamhet – inte bara i akademiska frågor utan även i administrativa. Det gick så långt att även anställningar av tjänster som vaktmästare kunde kräva godkännande från högre instanser. 1960-talets utbildningsreformer öppnade högre utbildning för fler genom att bredda antagningen.

Grundläggande högskoleutbildning i Sverige har genomgått två större reformer efter andra världskriget - 1977 och 1993. 1977 års reform innebar en omfattande centralplanering av utbildningsutbudet.

Reformen innebar att ett hundratal allmänna utbildningslinjer (AUL) organiserades i följande fem sektorer:
1. **Undervisningssektorn**
   Utbildningar för lärare och annan pedagogisk personal.
2. **Teknisk sektor**
   Ingenjörsutbildningar och andra tekniska program.
3. **Vårdsektorn**
   Utbildningar inom hälso- och sjukvård, som sjuksköterska, barnmorska m.m.
4. **Administrativ och ekonomisk sektor**
   Utbildningar inom ekonomi, förvaltning och administration.
5. **Kulturell och samhällsvetenskaplig sektor**
   Utbildningar inom humaniora, samhällsvetenskap, kultur och konstnärliga ämnen.

Dessutom fanns lokala linjer och enstaka kurser.

Reformen syftade till att integrera högre utbildning i ett enhetligt system, där alla utbildningsvägar – akademiska som yrkesinriktade – skulle likställas i struktur och status.

Under 1980-talet organiserades den svenska högskolan i **högskoleregioner**, ett system som syftade till att decentralisera utbildningen och främja regional balans. Varje region hade ett eller flera lärosäten med ansvar för att planera och samordna utbildningsutbudet utifrån både nationella mål och lokala behov. Detta förstärkte tanken om att högre utbildning skulle vara tillgänglig i hela landet, inte bara i de traditionella universitetsstäderna.

En kemilektion

UKAS och PUKAS

UKAS (Universitets- och högskoleadministrativa systemet) och **PUKAS** (Planerings- och uppföljningssystemet för kurs- och studieplaner) var administrativa system och reformförslag som togs fram i Sverige under 1970-talet, som en del av högskolereformen 1977. Syftet var att centralisera, effektivisera och standardisera antagningen samt planeringen av universitets- och högskolestudier.

Effekter av UKAS/PUKAS-reformerna

- **Avskaffande av det fria tillträdet**

  Före reformerna fanns det i praktiken ett fritt tillträde till universitet och högskolor. Man kunde i många fall skriva in sig på en fakultet och sedan fritt välja kurser.

  Efter reformen infördes en nationell antagning, där

man sökte till förutbestämda utbildningslinjer, vilket innebar att det fria kursvalet blev begränsat.

- **Antagningsbyråkratin växte**
  Den tidigare lokala och relativt flexibla antagningen ersattes med ett mer byråkratiskt, nationellt system. Det blev svårare att forma sin egen utbildning.

  Studenter behövde nu konkurrera om platser via ett centralt system – antagningsmyndigheten styrde mycket mer än tidigare.

- **Studenter styrdes till förprogrammerade studielinjer**
  En annan viktig förändring var att studenter i högre grad än tidigare styrdes in på linjer – t.ex. lärarlinjen, ekonomlinjen, etc. – där kursvalen var i stort sett förutbestämda.

  Detta innebar att studenternas akademiska frihet minskade, särskilt inom humaniora och samhällsvetenskap där man tidigare kunde *plocka ihop* sin egen fil kand med stor valfrihet.

- **Kritik och konsekvenser**
  Kritiker menade att reformen byråkratiserade utbildningen, minskade studenternas inflytande över sin utbildning och försvårade tvärvetenskapligt tänkande. Akademisk frihet försvagades, både för studenter och till viss del för universiteten.

Samtidigt var syftet med reformen att skapa likvärdighet, rättvisa och effektivitet, särskilt med tanke på att antalet studenter ökade kraftigt under denna period.

- **Decentralisering och kvalitet**
  1977 års högskolereform innebar att all eftergymnasial utbildning blev en del av högskolesystemet. Det innebar ett tillskott av att bl.a. lärar- och förskollärarutbildningar, vårdutbildningar, konstutbildningar, socialhögskolornas utbildningar och idrottshögskolornas utbildningar införlivades i högskolebegreppet. Totalt ökade antalet nybörjare inom högskolevärlden med 20 000 mellan 1976 och 1977.

Fyra universitetsfilialer bildades i Örebro, Växjö, Linköping och Karlstad 1967. Av dessa blev Linköping universitet 1975, medan de tre andra fick vänta till 1999.

Kritik mot massutbildning och sjunkande kvalitet ledde till en debatt om akademiska studiers värde och fokus. Decentralisering av beslutsfattande och resurser till lärosätena blev en politisk målsättning.

1990–2010: Internationalisering och marknadsanpassning

1990-talets ekonomiska kris ledde till nedskärningar och effektiviseringar inom högre utbildning. Bolognaprocessen införde enhetliga examina inom Europa för att underlätta studentutbyte.

Diskussioner om nyttan av humaniora och samhällsvetenskap i förhållande till teknik och naturvetenskap var återkommande.

Internationella samarbeten ökades och utbytesprogram som Erasmus blev mer tillgängliga för svenska studenter. Antagning av utländska studenter ökade, särskilt inom högre utbildning. Engelskspråkig undervisning ökade på universitet och högskolor.

2010-Nutid: Tillgänglighet, digitalisering och arbetsmarknad

Sedan 2010 har samhället genomgått stora förändringar där digitalisering, ökad tillgänglighet till tjänster och information, samt en snabbt föränderlig arbetsmarknad har varit centrala teman. Dessa processer har påverkat såväl utbildningssystem som arbetsliv och samhällsstruktur.

Digitalisering

Digitala verktyg och lärplattformar har blivit en självklar del av undervisningen. Distansutbildning och hybridundervisning har ökat markant, särskilt under och efter covid-19-pandemin. Den tekniska utvecklingen har förändrat både arbetsuppgifter och kompetenskrav inom många yrken. Digital kompetens har därmed blivit en nyckelkompetens för såväl elever och studenter som för arbetstagare.

Tillgänglighet

Fler utbildningsvägar erbjuds idag genom nätbaserade kurser, såsom MOOC:s (Massive Open Online Courses), vilket har gjort högre utbildning mer tillgänglig för en bredare grupp människor – oavsett geografisk placering. Samtidigt har fokus på att skapa tillgängliga lärmiljöer för personer med olika funktionsvariationer ökat, i syfte att främja inkludering och likvärdighet inom utbildningssystemet.

Arbetsmarknad

Den snabba teknikutvecklingen och de kontinuerliga omställningarna i samhället har lett till ett ökat behov av livslång kompetensutveckling. Traditionella anställningsformer har i många fall utmanats av frilansarbete, plattformsjobb och distansarbete. I takt med detta har det blivit allt viktigare att utbildningar anpassas efter arbetsmarknadens föränderliga behov. Yrkesutbildningar, snabbspår och praktikinslag har därmed fått en mer framträdande roll.

Utbildningsnivån i Sverige

Utbildningsnivån i Sverige för befolkningen i åldern 25–64 år är generellt sett hög, och andelen med eftergymnasial utbildning har ökat stadigt under de senaste decennierna. Här är en översikt baserad på de senaste tillgängliga uppgifterna (från SCB och OECD):

Ungefärliga andelar (kan variera något beroende på år):
- Grundskoleutbildning eller lägre: ca 13–15 %
- Gymnasial utbildning: ca 40–45 %
- Eftergymnasial utbildning:
      Kort (högst 2 år): ca 10–12 %
      Lång (mer än 3 år): ca 30–33 %

Totalt har alltså över 40 procent av Sveriges vuxna befolkning (25–64 år) en eftergymnasial utbildning.

Skillnader inom befolkningen
- **Könsskillnader**
  Kvinnor har generellt sett högre utbildningsnivå än män, särskilt vad gäller eftergymnasial utbildning.
- **Åldersskillnader**
  Yngre generationer har i högre grad längre utbildning än äldre.
- **Geografiska skillnader**
  Högre utbildningsnivå i storstäder (t.ex. Stockholm, Göteborg, Uppsala, Lund), lägre i vissa landsbygdsområden.
- **Utrikes födda**
  Det finns en större variation bland utrikes födda grupper. Vissa har mycket hög utbildning, medan andra har låg.

Politiska mål
Målet att 50 procent av en årskull ska gå vidare till högre akademiska studier har varit en central fråga inom svensk

utbildningspolitik sedan slutet av 1990-talet. Det har framför allt drivits av socialdemokratiska regeringar och grundar sig i tanken att en hög utbildningsnivå är avgörande för Sveriges konkurrenskraft i en globaliserad kunskapsekonomi.

Syftet är att stärka Sveriges position som en kunskapsnation, förbättra individers möjligheter på arbetsmarknaden och främja social rörlighet.

Debatten kring detta mål har varit både intensiv och polariserad. Förespråkarna menar att ett högt deltagande i högre utbildning bidrar till att höja samhällets kunskapsnivå och främja innovation. En ökad andel akademiker anses skapa bättre förutsättningar för högspecialiserade yrken, samtidigt som det kan motverka klasskillnader och ge fler unga möjligheten att forma sin framtid oberoende av bakgrund.

Kritiker menar att akademisk utbildning inte alltid är nödvändig för att möta arbetsmarknadens behov. Yrkesutbildningar och praktiska kompetenser underskattas, vilket bidrar till brist på kvalificerad arbetskraft inom hantverk och teknik. En ökad andel akademiker kan dessutom leda till överutbildning och akademisk inflation, där utbildningens värde riskerar att urholkas.

När en större del av en årskull ska erbjudas universitetsstudier, så måste man gräva djupare i begåvningsreserven och ungdomar med sämre förutsättningar för studier kommer in på utbildningarna.

Samtidigt får inte lärosätena full kostnadstäcknings förökade kostnader. Följden blev ett minskat timtal lärarledd undervisning.

Ytterligare en förutsättning för den breddade rekryteringen är att fler gymnasieprogram skulle vara högskoleförberedande, vilket har medfört färre platser på de yrkesförberedande programmen.

Balansen mellan akademiska studier och yrkesutbildningar rör inte bara individens framtid utan även samhällets långsiktiga kompetensförsörjning.

Debatten är fortfarande levande och kretsar kring balansen mellan akademiska studier och yrkesutbildningar – samt hur utbildningssystemet på bästa sätt kan möta både samhällets och arbetsmarknadens behov.

Är den akademiska friheten hotad?
Akademisk frihet innebär i grunden att forskare och lärare har rätt att:
- Fritt bedriva forskning och publicera sina resultat,
- Undervisa och uttrycka sig utan rädsla för repressa-

lier,
* Delta i akademisk debatt, även i kontroversiella frågor.

Eller för att använda Högskolelagens ord:
6 § I högskolornas verksamhet ska som allmän princip gälla att den akademiska friheten ska främjas och värnas.

För forskningen ska som allmänna principer gälla att
1. *forskningsproblem får fritt väljas,*
2. *forskningsmetoder får fritt utvecklas, och*
3. *forskningsresultat får fritt publiceras.*

I vissa länder, särskilt med auktoritära regimer, är hoten tydliga:
* Forskare fängslas eller censureras (exempelvis i Kina, Ryssland, Turkiet).
* Universitet får direktiv om vad som får eller inte får forskas på.
* Donald Trump och hans administration uttrycker kritik mot vad som beskrivs som en *vänstervriden* akademisk miljö i USA. 2019 hotade Trump att dra in federala bidrag till universitet som, enligt honom, inskränkte yttrandefriheten. Han signerade också en presidentorder som krävde att offentligt finansierade universitet måste skydda yttrandefriheten för att få fortsatt federalt stöd.
* Regeringar avskedar oliktänkande akademiker.

I andra, mer demokratiska länder är hoten ofta mer subtila:

- Politisk press eller ideologisk styrning, exempelvis krav på *balans* i undervisning eller ifrågasättande av vissa ämnen (som genusstudier eller klimatforskning).
- Ekonomiska påtryckningar, där forskning som inte anses *lönsam* får mindre stöd.
- Sociala medier och cancel-kultur, där forskare ibland utsätts för trakasserier när de uttrycker kontroversiella åsikter.

Hur ser det ut i Sverige

I Sverige finns starka formella skydd för akademisk frihet, men trots det pågår en levande debatt kring dess faktiska tillämpning och gränser:

- Vissa menar att politiska trender påverkar vilka forskningsfält som prioriteras, vilket i sin tur kan styra kunskapsutvecklingen.
- Andra varnar för att internpolitiska beslut inom universitet och högskolor riskerar att begränsa yttrandefriheten för både lärare och studenter.
- Regeringen har dessutom visat tecken på att utöva indirekt inflytande, till exempel genom att förkorta mandattiden för universitetsstyrelsers ledamöter till 17 månader – ett beslut som kan uppfattas som ett sätt att snabbare förändra styrelsernas sammansättning.
- Diskussioner har också uppstått kring användningen av begrepp som *värdegrund*, där kritiker menar att dessa ibland kan tolkas på ett sätt som utestänger vissa ideologiska eller vetenskapliga

perspektiv.

Slutsats

Även om akademisk frihet är lagligt skyddad i Sverige, visar den pågående debatten att dess praktiska utformning påverkas av politiska, kulturella och institutionella faktorer. För att värna en verkligt fri och öppen akademisk miljö krävs därför mer än bara lagstiftning – det krävs vaksamhet, transparens och en genuin vilja till pluralism i idéutbytet.

Akademisk frihet är varken absolut eller garanterad, inte ens i demokratiska samhällen. Den måste ständigt försvaras – juridiskt, institutionellt och kulturellt. Så svaret blir: ja, den är hotad – i olika grad och på olika sätt, beroende på kontext och tid.

Sverige har ett starkt skydd för akademisk frihet, men det är inte uttryckligen reglerat i grundlagen. Det finns dock ett skydd i **högskolelagen**, där det står att *forskningens frihet ska värnas*.

3. DEN SVENSKA AKADEMISKA VÄRLDEN

Den akademiska världens utbyggnad

Den akademiska världens utbyggnad i Sverige under perioden 1950–2020 kan illustreras med olika kvantitativa begrepp.

Under perioden 1950–2020:

- **Antal studenter**
  Ökade antalet helårsstudenter från c:a 15 000 till c:a 300 000.

- **Antal universitet och högskolor**
  Ökade antalet universitet och högskolor från c:a 6–8 till c:a 50 varav 14 universitet.

- **Forskningspublikationer**
  Ökade antalet vetenskapliga artiklar publicerade globalt per år från c:a 100 000 till c:a 2 500 000 – 3 000 000.

- **Forsknings- och utbildningsbudgetar**
  Ökade den statliga forskningssatsningen:
  - **1950–1970**
    Relativt låg och koncentrerad till ett fåtal universitet och statliga forskningsinstitut.
  - **1970-talet**
    Högskolereformen 1977 ledde till en kraftig ökning av antalet universitet och högskolor, vilket också medförde en ökad statlig satsning på forskning och utveckling.
  - **1980-talet**
    Började statliga anslag till forskning att öka

mer systematiskt, även om de fortfarande var begränsade.

- **1990-talet**
  En fortsatt ökning inom områden som medicin, teknik och samhällsvetenskap.
- **2000-talet**
  En kraftig ökning av forskningsfinansieringen, delvis som ett svar på global konkurrens och behovet av innovation.
- **2010–2020**
  Forskning och utveckling (FoU) i Sverige uppgick år 2020 till cirka 95,1 miljarder kronor, enligt beräkningar från Statistiska centralbyrån (SCB).

Sveriges investeringar i forskning och utveckling (FoU) är höga i internationell jämförelse, men den statliga andelen har legat relativt stilla eller till och med minskat något i relation till BNP de senaste åren. Enligt preliminära uppgifter förväntas nivån ligga kvar på 0,75 procent av BNP (2024).

Regeringen har aviserat ökade anslag till forskning och utveckling, bland annat en ökning med 6,5 miljarder kronor. Det skulle höja FoU-andelen till cirka 0,85 procent av BNP – en nivå som fortfarande ligger under flera jämförbara länders.

Internationell jämförelse
- **EU:s mål**
  3 procent av BNP i totala FoU-investeringar, varav minst 1 procent från offentliga medel.

- **Finland**
  Har beslutat att öka statliga FoU-investeringar till **1,2 procent av BNP** senast 2030.
- **Sverige**
  Totala FoU-investeringar (inklusive privata) uppgick till **3,55 procent av BNP** år 2023, vilket är högt i internationell jämförelse.

Sverige har en stark tradition av FoU-investeringar, särskilt från näringslivet. För att behålla och stärka sin position som kunskapsnation kan det vara viktigt att överväga ytterligare satsningar från offentligt håll.

Lite statistik

Universiteten har vuxit kraftigt. Mångfalden har också ökat – fler kvinnor, internationella forskare och tvärvetenskapliga samarbeten.

År	Doktorander[3]
1962	ca 4 000
1971	ca 11 000
2014	ca 19 000

År	Professorer[4]
1950	ca 500
1970	ca 1 000
1990	ca 2 000
2005	ca 3 900
2019	ca 4 900
2025	ca 5 000

Internationella forskare

Antalet internationellt rekryterade forskare vid svenska universitet och högskolor har ökat markant under de senaste decennierna. Tillgängliga data från 2010-talet och framåt visar en tydlig trend mot ökad internationalisering inom svensk akademi.

- **2013**

  Andelen internationellt rekryterade forskare var knappt 16 procent av den totala forskarkåren vid svenska lärosäten.

- **2023**

  Antalet internationellt rekryterade forskare nådde nästan 6 500, vilket motsvarar en ökning med 6 procent från 2022. Andelen internationellt rekryterade forskare utgjorde då nästan 24 procent av samtliga forskare vid svenska universitet och högskolor.

Variation mellan ämnesområden

Andelen internationellt rekryterade forskare varierar mellan olika forskningsområden:

- **Naturvetenskap**

  Högst andel med 38 procent internationellt rekryterade forskare.

- **Samhällsvetenskap**

  Lägst andel med 13 procent internationellt rekryterade forskare.

Anställningskategorier

Internationaliseringen är mest framträdande bland meriteringsanställda (t.ex. postdoktorer), där knappt 51 procent har enbart utländska examina. Bland lektorer är andelen betydligt lägre, med endast 14 procent internationellt rekryterade.

Kvinnors andel
Andelen kvinnliga studenter vid svenska universitet och högskolor har ökat markant under de senaste decennierna.

Från att ha varit en minoritet under större delen av 1900-talet, började kvinnor i början av 2000-talet dominera inom högre utbildning och har fortsatt att vara i majoritet.

- **Utvecklingen över tid**
  1930-talet
  Kvinnor utgjorde cirka 25 procent av universitetsstudenterna i Sverige.
  2000-talet
  Kvinnor blev i majoritet bland universitetsstudenterna.
  2021
  Kvinnor utgjorde 61 procent av de inskrivna studenterna vid svenska universitet och högskolor.

- **Exempel från några program**
  Civilingenjörsprogrammet
  Andelen kvinnor ökade från 24 procent år 1997 till 32 procent år 2023.
  Sjuksköterskeprogrammet
  1900-talet
  Sjuksköterskeyrket har traditionellt va-

rit ett kvinnodominerat yrke, både i Sverige och internationellt. Fram till 1970-talet var det mycket ovanligt med manliga sjuksköterskor.

2000-talet

Sakta men säkert ökade andelen män, mycket tack vare satsningar på att öka könsbalansen inom vårdyrken. Flera kampanjer riktades mot män för att öka intresset för vårdyrken.

2023

Enligt Universitets- och högskolerådets statistik (UHR) låg andelen män bland nybörjare runt 15 procent.

4. UNIVERSITET OCH HÖGSKOLOR

Universitetskanslersämbetet (UK-ämbetet)

Universitetskanslersämbetet (UKÄ) är en statlig myndighet som har till uppgift att tillse att universitet och högskolor följer de lagar och regler som är gällande. Det gäller bland annat bestämmelserna i högskolelagen, högskoleförordningen och förvaltningslagen.

- **Studenträtt och tillsyn**

  Granskar hur universitet och högskolor använder och följer lagar och förordningar för att bevaka studenternas rättssäkerhet. Tillsynen av universitet och högskolor sker efter anmälan av enskilda personer men också på initiativ av myndigheten.

- **Statistik och uppföljning**

  UKÄ ansvarar för all officiell statistik inom högskoleområdet. De ansvarar för granskning av effektiviteten i lärosätenas resursutnyttjande. Vidare bevakar myndigheten utvecklingen inom högskolan och följer upp och analyserar universitetens och högskolornas verksamhet.

- **Granskningar av utbildningarnas kvalitet, forskning och samverkan**

  Myndigheten genomför fyra olika typer av granskningar:

  - Lärosätesgranskningar
  - Utbildningsutvärderingar
  - Tematiska utvärderingar
  - Prövningar av examenstillstånd

Universitets- och högskolerådet (UHR)

Universitets- och högskolerådet (UHR) är en svensk statlig myndighet under utbildningsdepartementet. I uppdraget ingår bland annat:

- att ge information inför högskolestudier, ansvara för högskoleprovet, ta fram regelverk och samordna antagningen till högskolan.
- att utveckla och förvalta IT-system och e-tjänster åt utbildningssektorn.
- att förmedla internationella utbyten och kompetensutveckling för hela utbildningskedjan.
- att bedöma utländska utbildningar.
- att främja breddad rekrytering och arbeta för lika rättigheter och möjligheter inom högskolan.

Akademiska lärosäten i Sverige

Många universitet var från början högskolor och har efter hand blivit universitet.

Nedan redovisas de statliga universiteten i Sverige, varav de fyra förstnämnda är de äldsta och också de största när det gäller studentantal.

Statliga universiteten

    Uppsala universitet

    Lunds universitet

    Göteborgs universitet

    Stockholms universitet

    Umeå universitet

    Linköpings universitet

    Karolinska institutet

    Kungliga Tekniska högskolan

Luleå tekniska universitet
Karlstads universitet
Linnéuniversitetet
Örebro universitet
Mittuniversitetet
Malmö universitet
Mälardalens universitet
Sveriges lantbruksuniversitet

Statliga högskolor

En högskola kan få tillstånd att bedriva forskarutbildning, som leder till doktorsexamen, men endast inom ett så kallat vetenskapsområde. Detta tillstånd beviljas efter en prövning av Universitetskanslersämbetet, som bedömer om högskolan uppfyller de krav som ställs för att få bedriva utbildning på forskarnivå.

Statliga högskolor med rätt att utfärda examina inom forskarutbildning

Blekinge tekniska högskola
Gymnastik- och idrottshögskolan
Högskolan i Borås
Högskolan i Halmstad
Högskolan i Skövde
Högskolan Kristianstad
Högskolan Väst
Södertörns högskola
Högskolan i Gävle
Högskolan Dalarna
Försvarshögskolan
Stockholms konstnärliga högskola

Statliga högskolor med rätt att utfärda examina
på grund- och avancerad nivå
Konstfack
Kungliga Konsthögskolan
Kungliga Musikhögskolan i Stockholm

Lärosäten med enskild huvudman
Privata universitet med rätt att utfärda examina inom
forskarutbildning:
Chalmers tekniska högskola
Handelshögskolan i Stockholm

Privata högskolor med rätt att utfärda examina inom forskarutbildning
Högskolan i Jönköping
Marie Cederschiöld högskola
Enskilda Högskolan Stockholm
Sophiahemmet Högskola

Privata högskolor med rätt att utfärda examina på grund-
och avancerad nivå
Beckmans designhögskola
Gammelkroppa skogsskola
Johannelunds teologiska högskola
Newmaninstitutet
Röda Korsets högskola
Sophiahemmet Högskola
Stockholms Musikpedagogiska Institut
Enskilda Högskolan Stockholm
Örebro teologiska högskola

Universiteten

I Sverige är både **universiteten** och **högskolor** högre ut-
bildningsinstitutioner, som erbjuder akademiska utbild-
ningar, men det finns några viktiga skillnader mellan dem.

UKÄ fick ett Regeringsuppdrag 2021 om att ta fram kvali-
tetskriterier för benämningen *universitet*. Rapporten *Kva-
litetskriterier för benämningen universitet* (UKÄ rapport
2021:39) överlämnades till regeringen.[5]

Regeringen beslutade den 19 maj 2022 att de övergri-
pande kvalitetsaspekter som ska beaktas vid beslut om
benämningen *universitet* är:

- **Utbildnings- och forskningspolitiska skäl**
  Bedömning av lärosätets förmåga att bedriva ut-
  bildning och forskning av hög kvalitet.
- **Regionala och nationella behov**
  Hur lärosätets verksamhet svarar mot arbetsmark-
  nadens och samhällets behov.
- **Internationell konkurrenskraft**
  Lärosätets position i det internationella forsknings-
  och utbildningslandskapet.

Dessa beslut syftar till att säkerställa att benämningen
universitet endast används av lärosäten som uppfyller
högt ställda kvalitetskrav inom både utbildning och forsk-
ning.

Fakulteter

Begreppet *fakultet* togs bort ur högskoleförordningen
2011 som en del av en större reform för att öka universi-
tetens och högskolornas självständighet. Syftet var att ge

lärosätena större frihet att själva bestämma över sin interna organisation.

Denna förändring föreslogs av regeringen i *En akademi i tiden – ökad frihet för universitet och högskolor*, där regeringen ansåg att den tidigare detaljstyrningen i högskoleförordningen kring rekrytering och anställningsförfarande var ett hinder för ett strategiskt arbetsgivaransvar hos lärosätena.

Som en följd av detta upphävdes flera bestämmelser i högskoleförordningen (1993:100) som reglerade fakulteter och fakultetsnämnder. Detta innebar att lärosätena själva kunde välja hur de ville organisera sin verksamhet, utan att vara bundna till en specifik struktur med fakulteter.

Reformen innebar att fakultetens ansvar minskade och blev beroende på den av universitetsstyrelsen fastställda arbetsordningen.

Om lärosätet väljer att ha fakulteten så får denna sitt uppdrag och mandat genom delegation från rektor eller universitetsstyrelse. Detta är en förändring sedan tidigare då fakultetens roll inom universitetet var reglerad i Högskoleförordningen.

Varje fakultet (eller motsvarande) kan i sin tur vara uppdelad i mindre enheter, såsom institutioner eller avdelningar, som fokuse-rar på mer specifika ämnesområden. Dessa enheter hanterar bland annat undervisning, forskning, personal och studier inom sitt specialområde.

Institution

I regel är den minsta organisatoriska enheten en institution inom en fakultet (eller motsvarande) och ansvarar för att bedriva forskning och undervisning inom ett specifikt ämnesområde. Till skillnad från fakulteten, som omfattar ett bredare kunskapsfält, är institutionen mer specialiserad och fungerar som den praktiska basen för den akademiska verksamheten. Det är här det dagliga arbetet med utbildning, forskning och samverkan sker.

Föreläsning pågår

Institutionen bedriver både forskning och undervisning på olika nivåer och där är professorer, lektorer, forskare, doktorander samt administrativ och teknisk personal anställda. Institutionen ansvarar för undervisningen inom sitt ämne och erbjuder kurser på grundnivå, avancerad nivå och forskarnivå.

Institutioner har en prefekt som är chef som ansvarig för den dagliga verksamheten samt en institutionsstyrelse.

Fackhögskolor (Specialiserade högskolor)

Fackhögskolor är utbildningsenheter med inriktning på

ett specifikt område, såsom teknik, konst, musik eller vård. De kännetecknas av ett starkt fokus på yrkesinriktade utbildningar och praktisk tillämpning, vilket gör dem särskilt relevanta för studenter som vill förbereda sig för en specifik yrkesroll.

Exempel på vad som kallas fackhögskolor:
    Kungliga Tekniska högskolan
    Chalmers tekniska högskola
    Handelshögskolan i Stockholm
    Konstfack
    Kungliga Musikhögskolan

5. UNIVERSITETENS TITLAR

Professor

Professor är den högsta akademiska titeln och denne är ansvarig för forskning och forskarutbildning inom sitt ämne och förutsätts kunna företräda ämnet internt och externt. För några decennier sedan kunde det fortfarande bara finnas en professor för ett ämne på varje enskild högskola. Dessa rekryterades genom utlysning av tjänsterna, följt av sedvanlig kompetensprövning.[6]

Fram till 1993 hade regeringen möjlighet att anställa professorer genom så kallade fullmakter. Denna möjlighet försvann när en ny högskolelag och högskoleförordning trädde i kraft 1993, vilket innebar att ansvaret för att anställa professorer överfördes från regeringen till universiteten och högskolorna.

Syftet med fullmaktsprofessurerna var att säkerställa den akademiska friheten – professorer skulle kunna granska och ifrågasätta samhällsutvecklingen utan rädsla för repressalier.

Förutom ordinarie professorstjänster finns även varianter såsom **adjungerad professor** och **gästprofessor**. Dessa är tillfälliga anställningar och används främst när det behövs särskild kompetens inom ett visst område, stärka kopplingen till omgivningen eller för att bidra till specifika forskningsprogram. De har ofta en tydlig koppling till externa organisationer eller internationella samarbeten och bidrar med värdefull expertis inom sina respektive fält.

Numera anställs professorer direkt av universitet eller högskolor, som hanterar anställningsprocessen genom särskilda tjänsteförslags- eller rekryteringsnämnder. Det formella beslutet om anställning måste dock fattas av rektor och får inte delegeras.

Anställningsförfarandet regleras i högskoleförordningen, vars syfte är att säkerställa att endast högt kompetenta personer kan komma i fråga för professorstjänster. Vanligtvis bereds ärendet av sakkunniga – ofta professorer från andra lärosäten, både nationella och internationella. Detta resulterar i att de sökande förklaras behöriga eller icke behöriga till tjänsten. Denna möjlighet till behörighetsförklaring används även av sökande, som avser att söka befordran till professor inom det egna lärosätet.

Professors titeln är kopplad till själva anställningen, men fungerar också som en kompetensbeteckning för den enskilda personen.

Tillsvidareanställda professorer anställs på tre olika sätt:
1. genom utlysning av ledig tjänst följt av öppet förfarande (huvudregel för statliga högskolor),
2. genom befordransförfarande för redan tillsvidareanställda, eller
3. genom personlig kallelse.

Universitetet reglerar själva i sin anställningsordning kriterier och beslutsprocesser rörande dessa anställningar, inom ramen för vad som föreskrivs i högskoleförordningen.

När en heltidsanställd professor pensioneras från sin tjänst kallas personen *professor emeritus* eller *emerita*.

Professors namn är en titel som en regering på eget initiativ kan besluta att ge till en välmeriterad akademiker eller företrädare för kulturlivet som gjort utomordentliga insatser. Titeln är inte kopplad till en anställning som professor vid ett universitet eller högskola. Den är alltså inte en akademisk befattning, utan en hederstitel.

Biträdande professor

Biträdande professor är en professorstitel som infördes 1969 och ersatte andra titlar som använts för höga vetenskapliga befattningar. I och med den så kallade Befattningsutredningen har den aktualiserats som ett karriärsteg på nivån under professor.

Det är ofta en intern befordringstitel, som ges till lektorer som uppfyller högre vetenskapliga och pedagogiska meriter än vad som krävs för docentur, men inte ännu professor.

Docent

Docent är en akademisk titel som markerar en högre ve-
tenskaplig kompetens än enbart doktorsexamen. En per-
son som innehar denna titel sägs ha en docentur. Titeln
är inte reglerad i högskoleförordningen, men den som blir
docent har i allmänhet både breddat och fördjupat sin
forskning efter doktorsexamen. Kompetensen prövas av
sakkunniga, och processen inkluderar vanligtvis en så kal-
lad docentföreläsning, där den sökande presenterar sitt
forskningsområde och visar sin pedagogiska förmåga.

Universitetslektor

Universitetslektor är en tillsvidareanställd lärare vid uni-
versitet eller högskola, som i regel har avlagt doktorsexa-
men. En universitetslektor kan antingen utses genom att
söka en utlyst lektorstjänst, eller genom befordran från
en tillsvidareanställd universitetsadjunkt.

Tillsättningen av lektorat regleras i lärosätets anställ-
ningsordning. I vissa fall kan även personer utan dok-
torsexamen anställas som universitetslektorer, förutsatt
att de har omfattande kunskaper och erfarenheter som
efter prövning bedöms som likvärdiga. Detta är särskilt

vanligt inom konstnärliga ämnen, där yrkesmässig eller konstnärlig meritering ofta väger tungt.

Biträdande universitetslektor

Biträdande universitetslektor är en tidsbegränsad (fyra till sex år) meriteringsanställning skapad för att framför allt relativt nydisputerade ska ha möjlighet till en karriärväg mot en fast anställning som universitetslektor. Under sin anställning ska man ansöka om att bli befordrad till universitetslektor och anställningen omvandlas i så fall till en tillsvidareanställning som lektor. Enligt högskoleförordningen ska det finnas möjlighet till prövning för tillsvidareanställning som universitetslektor efter avslutad anställning.

Universitetsadjunkt

En universitetsadjunkt är en lärare vid högskola (högskoleadjunkt) eller vid universitet (universitetsadjunkt). Adjunkten har vanligtvis en magisterexamen men inte doktorsexamen. Högskoleadjunkter vid yrkesinriktade utbildningar har i allmänhet lång yrkeserfarenhet inom det aktuella fältet.

Forskarassistent

Forskarassistent är i Sverige en fyra- eller femårig univer-
sitetstjänst som tillsätts i konkurrens mellan forskare med
doktorsexamen vanligen för den som avlagt sin doktors-
examen för högst fem år sedan. Det är därför vanligt att
man under denna tid också kvalificerade sig för docent-
kompetens.

Forskningsassistent

En forskningsassistent fungerar som en assistent till an-
svarig forskare och deltar därför i ett forskningsprojekt/
undervisning.

Doktorand

Doktorander är forskarstuderande på högskolenivå med
vanligtvis avlagd masterexamen eller motsvarande. I Sve-
rige innebär detta att man har läst 160 studieveckor. Må-
let med doktorandstudier är en doktorsexamen efter
en disputation där man försvarar den egna doktorsav-
handlingen.

Amanuens

En amanuens inom universitetet är vanligtvis en student
(oftast på avancerad nivå) som arbetar deltid med olika
uppgifter inom en institution. Det kan handla om att assi-
stera vid undervisning, hålla övningar, rätta tentamina,
eller hjälpa till med forskning eller administration.

Rektor

I Sverige utses rektorer för statliga universitet av rege-
ringen. En rektor anställs för högst sex år i taget, efter för-
slag från högskolans eller universitetets styrelse. Anställ-

ningen kan förnyas, dock högst två gånger, med en förlängning om högst tre år per gång.

Innan styrelsen lämnar sitt förslag till regeringen ska den inhämta synpunkter från lärare, övriga anställda och studenter – på det sätt som styrelsen själv har bestämt.

Prorektor

Prorektorn är rektors ställföreträdare. Förslaget förankras inom universitetet, ofta genom hörande av olika grupper såsom lärarkollegiet, studentrepresentanter och andra relevanta organ. Universitetsstyrelsen fattar det formella beslutet om att utse prorektor. Om flera prorektorer utses ska en förordnas som rektors ställföreträdare.

Vicerektor

Titeln vicerektor saknas i Högskoleförordningen och regleras genom lokala beslut. En vicerektor har ett särskilt ansvarsområde inom ett lärosäte, exempelvis för forskning, utbildning eller samverkan med det omgivande samhället. Vicerektorer utses av rektor och fungerar som stöd i ledningen inom sitt specifika ansvarsområde.

Universitetsdirektör

Universitetsdirektören är chef för universitetsförvaltningen och ansvarar för att leda och samordna universitetets administrativa stödverksamheter. Detta inkluderar områden som ekonomi, HR, IT, juridik och studentservice. Rollen innebär också att säkerställa att dessa funktioner stödjer universitetets övergripande mål inom utbildning och forskning. Detta är en titel som används i stället för förvaltningschef vid vissa universitet,

Prefekt

Prefekt är inom högskola eller universitet chef för en institution (eller motsvarande). Prefekter vid svenska universitet och högskolor utses av rektor och vanligen på förslag från personalen vid berörd institution.

Högskolor och fackhögskolor/specialiserade högskolor

Högskolor och fackhögskolor/specialiserade högskolor tillämpar aktuella delar av ovanstående redovisning för universiteten, dvs. forskningen och grundutbildningen organiserades i tillämpliga delar på likartade sätt när detta är aktuellt.

6. UNIVERSITETENS LEDNING

De flesta universitet och högskolor i Sverige lyder under Utbildningsdepartementet. Ett undantag är Sveriges lantbruksuniversitet (SLU), som i stället hör till Jordbruksdepartementets ansvarsområde. Försvarshögskolan har en särskild roll och får även uppdrag från Försvarsdepartementet. Majoriteten av lärosätena är statliga myndigheter, men några få drivs i stiftelseform. Polishögskolan är inte ett självständigt lärosäte, utan fungerar som en del av Polismyndigheten.

Varje år får alla svenska universitet och högskolor ett **Regleringsbrev** från regeringen. Det är ett officiellt dokument, som beskriver vad varje lärosäte ska göra under året.

Av brevet framgår hur många utbildningsplatser som erbjuds, och vilka utbildningar som prioriteras. Dessutom får lärosätena anslag för forskning, och det sätts upp mål för hur bra forskningen ska vara. På så sätt styr regeringen verksamheten och ser till att alla följer samma riktlinjer.

I slutet av varje år måste universiteten skicka in en årsredovisning till regeringen. I denna rapport redovisar de hur väl de har uppfyllt de mål som regeringen har angett i det så kallade *Regleringsbrevet*. När rapporten har skickats in hålls ett uppföljande möte – en så kallad dialog – mellan regeringen och universitetet. Där diskuterar de resultaten och planerar hur arbetet ska utvecklas framöver.

Lärosätets utbildningsuppdrag

I grunden är det lärosätena som själva beslutar om sitt utbildningsutbud – alltså vilka program och kurser de erbjuder, och hur många platser de ska erbjuda. Men regeringen har ändå ett visst inflytande, särskilt genom styrningen av resurser.

Regeringens roll

- **Tilldelar utbildningsanslag**
  Regeringen beslutar i Regleringsbrevet hur stora anslag varje lärosäte får för utbildning på olika nivåer.
- **Sätter examensmål och dimensioneringsmål**
  Det kan förekomma att regeringen uttrycker att de vill att ett visst antal personer ska examineras inom vissa bristyrken (som lärare, sjuksköterskor, ingenjörer).
- **Ger särskilda uppdrag**
  Regeringen kan öka antalet platser på vissa utbildningar vid behov, t.ex. i samband med pandemi eller vid kompetensbrist.

Lärosätenas roll:

- **Bestämmer utbudet**
  Lärosätet väljer själva vilka program och kurser som

ska erbjudas, samt hur stora de ska vara, utifrån sina resurser.

- **Frihet under ansvar**
  Lärosätena har autonomi, men de ska ändå beakta samhällets behov och regeringens prioriteringar.

Regeringen kan styra utbildningsvolymer indirekt genom pengar och politiska signaler, men de fördelar inte utbildningsplatser på detaljnivå. Det är alltid upp till lärosätena att besluta hur de organiserar sitt utbud inom ramen för de resurser de får.

Universitetsstyrelse

Varje universitet eller högskola har en styrelse. Denna består av en ordförande och fjorton andra ledamöter. Om det finns särskilda skäl kan styrelsen i stället bestå av ordföranden och tio andra ledamöter.

Styrelsen för en högskola ska enligt Högskoleförordningen ha ansvar för:
1. i viktigare frågor om verksamhetens övergripande

inriktning och högskolans organisation,

2. om årsredovisningar, delårsrapporter, budgetunderlag och viktigare framställningar i övrigt samt säkerställa att det vid högskolan finns en intern styrning och kontroll som fungerar på ett betryggande sätt,
3. om åtgärder med anledning av Riksrevisionens revisionsberättelser och revisionsrapporter,
4. om riktlinjer och revisionsplan för internrevisionen och åtgärder med anledning av internrevisionens iakttagelser och rekommendationer,
5. i viktigare frågor om den interna resursfördelningen och uppföljningen av denna,
6. i viktigare frågor om verksamhetens säkerhet,
7. i frågor som ska avgöras av en personalansvarsnämnd,
8. om antagningsordning,
9. om en arbetsordning med viktigare föreskrifter om högskolans övergripande organisation, delegering av beslutanderätt, handläggning av ärenden och formerna i övrigt för verksamheten, om inte annat är föreskrivet i lag eller förordning,
10. om en anställningsordning
11. om viktigare föreskrifter i övrigt, och
12. i övriga frågor som är av principiell vikt.

Styrelsens sammansättning idag

Ledamöter ska utses för en bestämd tid – vanligtvis tre år. Styrelsen har 15 ledamöter med följande sammansättning:

- Lärarna har rätt att utse tre ledamöter i styrelsen

vilka utses genom val inom högskolan.
- Studenterna har rätt att utse tre ledamöter.
- Ordföranden och de sju övriga ledamöterna utses av regeringen. Personförslaget ska föregås av ett samråd inom och utom högskolan och avse personer med kompetens och erfarenhet från verksamhet av betydelse för högskolans uppdrag.
- Rektor är självskriven ledamot.

Styrelsens majoritet

Sammansättningen av universitetsstyrelser i Sverige har genomgått flera förändringar över tid, i takt med skiftande lagstiftning, förändrade universitetsstrukturer, politiska strömningar samt utvecklingen inom det högre utbildningsväsendet. Historiskt sett har styrelserna ofta haft en intern majoritet, där ledamöter bestått av representanter för lärare, studenter och administrativ personal. Rektor fungerade traditionellt som styrelsens ordförande.

Utöver de interna representanterna har även externa ledamöter, vanligtvis från näringslivet eller offentlig sektor, haft en plats i styrelserna. Dessa externa ledamöter tillsattes för att bidra med kompetens och perspektiv utifrån, och för att stärka banden mellan universitet och samhälle. Fram till 1977 års högskolereform var universiteten i Sverige starkt självstyrande med stor akademisk frihet. Universitetsstyrelserna dominerades av professorer och akademisk personal.

Efter reformer som genomfördes, förändrades denna struktur gradvis. En viktig förändring var att styrelsens sammansättning kom att utgöras av tre jämnstora grupper: externa ledamöter, lärare och studenter. Syftet med denna uppdelning var att inget enskilt intresse ensamt skulle kunna dominera beslutsfattandet – det krävdes att minst två av grupperna var överens för att uppnå majoritet.

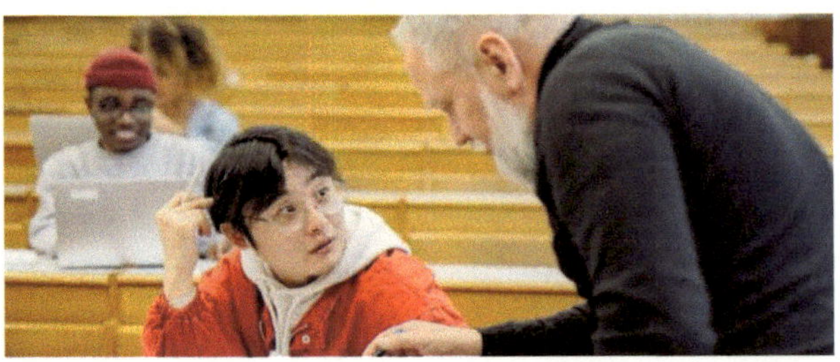

Med 1993 års högskolereform skedde en tydlig förändring. Regeringen fick större kontroll över universitetens styrning, och externa ledamöter med och utan akademisk bakgrund började utses för att främja samverkan med det omgivande samhället. Dessa utgör numera en majoritet och ordförande är en extern ledamot – samtliga utsedda av regeringen.

EXTERN ORDFÖRANDE	
REKTOR	EXTERN LEDAMOT
LÄRARE	EXTERN LEDAMOT
LÄRARE	EXTERN LEDAMOT
LÄRARE	EXTERN LEDAMOT
STUDENTER	EXTERN LEDAMOT
STUDENTER	EXTERN LEDAMOT
STUDENTER	EXTERN LEDAMOT

Företrädare för de anställda har närvaro- och yttranderätt vid styrelsens sammanträden och utses enligt bestämmelserna i personalföreträdarförordningen.

Autonomireformen

Reformen, som trädde i kraft 2011, markerar en tydlig vändpunkt i den svenska högskolepolitikens utveckling. Reformens syfte var att öka universitetens och högskolornas självständighet gentemot staten. I praktiken innebar det att lärosätena fick mer frihet i hur de organiserar sin verksamhet, exempelvis när det gäller att bestämma inre struktur, ledningsform och anställningsformer. Noterbart var att fakulteternas existens inte reglerades i Högskoleförordningen.

Men samtidigt som man ökade autonomin mot staten, skedde också en centralisering av makten internt. Rektor och universitetsledning fick större makt, vilket har skapat en spänning gentemot den traditionellt kollegiala styrningsformen där professorer och andra akademiker har inflytande över akademiska beslut.

Det svenska systemet är unikt eftersom lärosätena fortfarande är statliga myndigheter, vilket innebär att de lyder under förvaltningsrättsliga principer och har krav på rättssäkerhet, transparens och likabehandling. Samtidigt har lagstiftaren erkänt behovet av akademisk frihet genom att undanta dem från vissa regler i myndighetsförordningen, t.ex. rörande hur ledningen ska vara organiserad.

Genom Autonomireformen avreglerade den dåvarande

borgerliga regeringen 2011 fakultetsnämnderna, vilket medförde att den kollegiala styrformens lagstöd gick förlorat. Tidigare var lärosäten med examensrätt på forskarutbildningsnivå tvungna att ha fakultetsnämnder. Nämndernas ledamöter valdes av de akademiska lärarna, och ansvarade för forskning, forskarutbildning och konstnärligt utvecklingsarbete. Efter autonomireformen är det i stället lärosätenas ledningar som beslutar om det ska finnas kollegiala beslutsorgan och vilka befogenheter de ska ha.[7]

Arbetsordning

I en arbetsordning reglerar ansvarsfördelning, beslutsvägar och organisatorisk struktur inom universitetet. Arbetsordningen är fastställd av universitetsstyrelsen och gäller för hela verksamheten, inklusive fakulteter och institutioner.

- **Universitetets ledning**
  Rektor

Christina Ullenius
Rektor

Rektor är universitetets högsta chef och ansvarar för den samlade verksamheten. Rektor har det övergripande ansvaret för ekonomi, personal, utbildning, forskning och samverkan. Rektor fattar beslut i frågor som inte delegerats och har rätt att vidaredelegera uppgift.

Prorektor

Prorektor är rektors ställföreträdare och ansvarar

för särskilda områden enligt rektors delegation.

Universitetsdirektör

Universitetsdirektören ansvarar för den admnistrativa verksamheten och leder universitetsförvaltningen.

Fakulteter och kollegiala organ

- **Fakultetsnämnd**

  Om styrelsen väljer att ha fakulteter ska varje fakultet ha en fakultetsnämnd, som ansvarar för den delegation de fått i arbetsordningen genom beslut av universitetsledningen.

  Historiskt sett var det kollegiala styrningen inom fakulteterna mycket starka och självständiga. Detta slogs fast både i Högskoleförordningen och i regleringsbrev från regeringen.

  Fakulteterna fick:
  - Direkta uppdrag från regeringen (via regleringsbrev).
  - Egen ekonomisk ram att förhålla sig till.
  - En tydligt definierad roll i styrningen av utbildning och forskning.

  Detta innebar att fakulteterna nästan fungerade som *små myndigheter i myndigheten*, med relativt stor frihet från universitetsledningen. Men över tid har styrningen förändrats — med mer makt centraliserad till universitetsledningarna (rektorer och styrelser).

Dekanus

Av tradition kallas ordförande i en fakultet för dekanus. Denne utses av rektor efter hörande av fakulteten. Prodekanus är fakulteten vice ordförande.

Prefekt

Prefekten leder institutionens verksamhet och ansvarar för den dagliga driften. Vid en institution kan även en proprefekt finnas.

- **Beslutsordning och delegation**
  Beslut ska fattas på den nivå där kompetens och information finns. Delegation sker genom särskilda beslut och dokumenteras. Samtliga beslut ska följa gällande rättsregler och dokumenteras enligt universitetets arkivregler

- **Studentinflytande**
  Studenter har rätt till inflytande enligt högskolelagen. Studentrepresentanter ska finnas i universitetsstyrelsen, fakultetsnämnder och övriga beslutande och beredande organ där det är relevant.

- **Samverkan och beredning**
  Beslutsfattande ska föregås av beredning i lämpliga forum. Samverkan med fackliga

organisationer sker enligt MBL (medbestäm-
mandelagen).

Den dagliga verksamheten

Den dagliga verksamheten vid universitetet/högskola
leds av rektor. Vanligtvis har rektor knutit en lednings-
grupp till sig. I denna kan t.ex. prorektor(er), ev. vicerek-
torer och universitetsdirektören (förvaltningschefen)
ingå. Enligt högskolelagen ska studenter ges möjlighet att
vara representerade i alla beslutande och beredande or-
gan som har betydelse för utbildningen eller studenter-
nas situation.

En ledningsgrupp

I den intern arbetsordningen fastställd av styrelsen besk-
rivs den interna organisationen. Av tradition har fakulte-
terna haft ett betydande inflytande framför allt i kvalitets-
frågor. Styrelse kan nu i arbetsordningen besluta om den
interna organisationen som t.ex. kan innebära inrättande
av fakulteter, dekaner och fakultetsnämnder och samti-
digt ge den ett uppdrag och mandat.

Olika lärosäten har valt skilda modeller för sin interna or-
ganisation. Vissa har behållit en mer traditionell

fakultetsstruktur, medan andra har utvecklat nya modeller med förändrade eller mer integrerade funktioner. Fakulteterna finns alltså ofta kvar, men deras självständighet och roll kan variera betydligt mellan olika lärosäten.

Som en följd av att fakulteterna försvunnit ur Högskoleförordningen har många svenska lärosäten tagit chansen att centraliserat sin organisation, vilket innebär att rektor och universitetsledning har fått mer makt.

Lärosätena har gått från kollegialt styre (där t.ex. fakultetsnämnder bestämde mycket) till en mer linjestyrd modell, där chefer och ledningsstrukturer tar fler beslut.

7. AKADEMISKA EXAMINA

All grundläggande högskoleutbildning bedrivs i form av kurser. Universiteten och högskolorna sammanför kurser till utbildningsprogram som i sin tur leder till en examen.

Kurs

Kurser utgör grundstrukturen i högre utbildning och är utbildningens byggstenar. Vid universitet och högskolor är kurser nivåindelade och baserade på progression. Det innebär att kurserna är organiserade i en logisk ordning där kunskaper och färdigheter successivt byggs på. Grundläggande kurser lägger grunden för mer avancerade studier inom ett ämnesområde, och progressionen säkerställer en pedagogisk och akademisk utveckling genom hela utbildningsprogrammet.

Progressionen sker i följande steg:
1. *I*ngen tidigare högskoleutbildning krävs.
2. Fortsättningskurs, kräver en viss tidigare kurs.
3. Fördjupningskurs, kräver flera tidigare kurser.

För en kurs skall det finnas en **kursplan**. Kurser kan sammanfogas till ett **utbildningsprogram**.

Högskoleutbildning består av kurser på **grundnivå, avancerad nivå eller forskarnivå**. Nivåerna bygger på varandra. Nivåindelningen av den svenska utbildningen är en del av anpassningen till Bolognaprocessen. Den gör att högskoleutbildning är mer jämförbar i de länder som ingår i processen.

Generella examina

- **Grundläggande nivå**

  ### Högskoleexamen

  En högskoleexamen är en akademisk examen i Sverige som infördes i sin nuvarande form 1977. Den kräver att man har genomfört 120 högskolepoäng, vilket motsvarar minst två års heltidsstudier på grundnivå vid ett svenskt universitet eller högskola.

  ### Kandidatexamen

  Från och med 1 juli 2007 anpassades den svenska kandidatexamen till den europeiska Bolognaprocessen enligt Högskoleförordningen 2007. I det nya systemet ska majoriteten av kurserna vara på grundnivå, och en kandidatexamen omfattar 180 högskolepoäng, vilket motsvarar tre års heltidsstudier.

- **Avancerad nivå**

  ### Magisterexamen

  Magisterexamen är en svensk akademisk examen på avancerad nivå som man får efter att ha avslutat en kandidatexamen (eller motsvarande), som innebär 180 högskolepoäng (tre års heltidsstudier). För att få magisterexamen behöver man också genomföra 60 högskolepoäng (ett års heltidsstudier) på avancerad nivå, där varje högskola bestämmer inriktningen.

Minst 30 högskolepoäng ska vara fördjupning inom huvudområdet, och av dessa ska 15 högskolepoäng vara ett självständigt arbete (examensarbete).

Tidigare fanns en magisterexamen, som var anpassad för blivande lärare inom olika stadier inom den kommunala skolan. Denna examen skulle innehålla en pedagogisk kurs.

Masterexamen
Masterexamen är en svensk akademisk examen som man får efter att ha genomfört 120 högskolepoäng (två års heltidsstudier) på avancerad nivå.

Masterexamen infördes 1 juli 2007 i enlighet med den europeiska Bolognaprocessen och är en fortsättning på en kandidatexamen eller en annan treårig examen. Totalt krävs fem års högskolestudier för att ta en masterexamen, vilket motsvarar 300 högskolepoäng. Detta är olika från magisterexamen, som kräver fyra års studier.

En masterexamen ska, enligt Bolognaprocessen, kunna byggas på med doktorandstudier för att nå en doktorsexamen efter ytterligare tre år.

Masterexamen är en svensk akademisk examen som uppnås efter fullgörande av 120 högskolepoäng (motsvarande två års heltidsstudier) på avancerad nivå.

- **Forskarutbildningsnivå**
  Licentiatexamen

  Licentiatexamen är en akademisk examen på forskningsnivå i Sverige, och den motsvarar ungefär hälften av en doktorsexamen. Den kan vara antingen den slutgiltiga examen för en forskare, eller en frivillig mellanexamen för den som senare vill ta en doktorsexamen genom att skriva en doktorsavhandling.

  Doktorsexamen

  Doktorsexamen innebär fyra års heltidsstudier, vilket motsvarar 240 högskolepoäng.

Utbildningen består både av kurser och en avhandling som är minst 120 högskolepoäng. När avhandlingen är klar ska den försvaras muntligt vid en offentlig disputation.

Examen vid Fackhögskolor och utbildningar till legitimationsyrken

Utbildningen vid fackhögskolorna samt utbildning för olika legitimationsyrken följer fasta utbildningsprogram. I dessa finns obligatoriska kurser och valbara. Examen vid dessa högskolor har givetvis namn med kopplingar till utbildningens inriktning såsom exv. civilingenjörsexamen, läkarexamen eller apotekarexamen.

Civilekonom

Sedan 2007, när högskolereformen trädde i kraft, infördes civilekonomexamen som en reglerad yrkesexamen på avancerad nivå. Den omfattar 240 högskolepoäng (vilket motsvarar fyra års heltidsstudier). Det är alltså en skyddad och godkänd titel, till skillnad från *civilekonom* som informell titel, som vem som helst kan använda. Examen kan bara ges av universitet och högskolor som har särskilt tillstånd från Universitetskanslersämbetet (UKÄ).

Svenska universitet och högskolor som är behöriga att utfärda civilekonomexamen:

Göteborgs universitet (Handelshögskolan i Göteborg)
Karlstads universitet
Linköpings universitet
Linnéuniversitetet (i Kalmar/Växjö)

Luleå tekniska universitet
Lunds universitet (Ekonomihögskolan)
Stockholms universitet
Umeå universitet
Örebro universitet

Observera att vissa andra lärosäten erbjuder **ekonompro-gram** på 180 hp eller 120 hp, men dessa leder inte till civilekonomexamen – då får man i stället en kandidatexamen och/eller magister/masterexamen.

8. FACKHÖGSKOLOR

Fackhögskolor kallas även specialiserade högskolor. I Sverige finns flera **fackhögskolor**. En fackhögskola kan också vara en del av ett universitet. Begreppet fackhögskolor används inte så ofta numera, men används här i jämförelse med övriga akademiska utbildningar.

I Sverige är gränserna mellan universitet, högskola och fackhögskola ganska flytande. Alla styrs av samma lagar och myndigheter.

- Universitet har generell rätt att utfärda doktorsexamen inom många områden.
- Högskolor kan också bedriva forskning och forskarutbildning, men måste ha särskilt tillstånd för att ge doktorsexamen inom specifika områden.
- Fackhögskolor (specialiserade högskolor) fokuserar på ett visst ämnesområde (t.ex. teknik, ekonomi, konst) och kan vara fristående eller ingå i ett universitet.

Handelshögskolan, Stockholm

Lärarhögskola

Dessa fackhögskolor skiljer sig från vanliga universitet genom sin tydliga specialisering och ofta nära koppling till näringslivet eller branschen de utbildar för.

I Sverige har lärarhögskolor förts in i universiteten och har ersatt de tidigare seminarierna.

9. UTBILDNING FÖR LEGITIMATIONSYR-KEN

Socialstyrelsen, Skolverket eller Jordbruksverket utfärdar föreskrifter om vilka krav som gäller för respektive legitimationsyrkesexamina. Legitimationen utfärdas av dessa myndigheter och är ett krav för att få utöva yrket. Utbildningarna innehåller ofta en kombination av teoretisk undervisning och praktik (VFU – verksamhetsförlagd utbildning) för att ge en helhetsbild av yrket. Efter avslutad utbildning ansöker man om legitimation.

I listan nedan redovisas de yrken som kräver legitimation i Sverige. Det är Socialstyrelsen som beslutar om och utfärdar legitimationer för samtliga yrken, med undantag för lärare – vars legitimation utfärdas av Skolverket – samt djursjukskötare, djurfysioterapeuter och veterinärer, där Jordbruksverket är ansvarig myndighet. Inom vissa områden finns undantag från kravet på legitimation, till exempel om man vill arbeta som vikarie inom skolan.

Legitimationsyrken:

Apotekare	Logoped
Arbetsterapeut	Naprapat
Audionom	Optiker
Barnmorska	Ortopedingenjör
Biomedicinsk analytiker	Psykolog
Dietist	Psykoterapeut
Fysioterapeut	Röntgensjuksköterska
Kiropraktor	Receptarie
Läkare	Sjukhusfysiker

Sjuksköterska
Tandhygienist
Tandläkare
Kurator (inom hälso- och
sjukvård)

Djurfysioterapeut
Veterinär
Lärare
Djurskötare

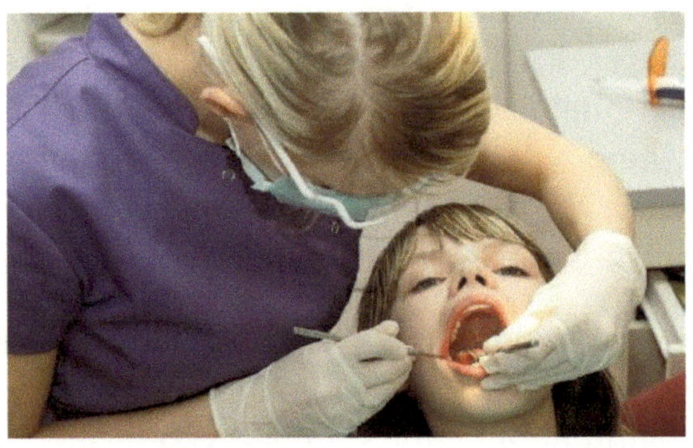

Yrkeslegitimation innebär att det finns ett lagrum som beskriver vilka krav som måste vara uppfyllda för att en sådan legitimation ska kunna utfärdas. Det handlar vanligtvis om ett formellt intyg – ett dokument som certifierar att personen är behörig att utöva ett visst yrke. Beteckningen *legitimerad* får endast användas av den som har genomfört den föreskrivna utbildningen, i vissa fall även fullgjort praktisk tjänstgöring enligt särskilda föreskrifter, samt ansökt om och beviljats legitimation av ansvarig myndighet. Personen får dessutom inte ha fått sin legitimation indragen.

10. FORSKARUTBILDNING

Det finns två examina inom forskarutbildningen:

- **Licentiatexamen**
  Omfattar två års heltidsstudier (120 högskolepoäng). Examen inkluderar både kurser och en vetenskaplig uppsats.

- **Doktorsexamen**
  Omfattar fyra års heltidsstudier (240 högskolepoäng). Utbildningen består av kurser och en avhandling som ska försvaras muntligt vid en offentlig disputation.

För båda examinationsnivåerna kan förhållandet mellan kurser och avhandlingsarbete variera beroende på lokala beslut.

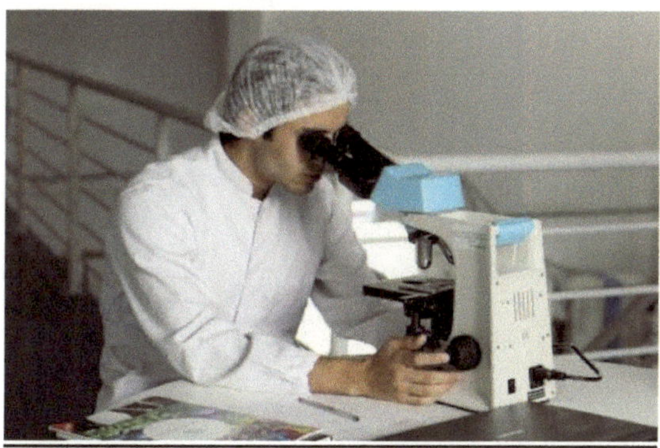

Licentiatexamen

Licentiatexamen avslutas vanligtvis med ett seminarium kring uppsatsens ämne.

Doktorsexamen

En doktorand avslutar sin utbildning med en disputation.

Inför denna offentliggör doktoranden sin doktorsavhandling. Vid det laget ska ett antal poängsatta doktorandkurser vara slutförda.

Avhandlingen kan antingen vara en monografi eller en så kallad sammanläggningsavhandling. Den senare består av flera vetenskapliga artiklar, publicerade i vetenskapliga tidskrifter, samt en sammanfattning – kallas ibland för en kappa - som binder ihop dem.

Sammanläggningsavhandling är särskilt lämplig när forskningsresultaten har nyhetsvärde och behöver spridas snabbt. Artiklarna måste dock passera ett refereesystem, där de granskas noggrant innan publicering – ett nålsöga inom akademisk publicering.

Spikning av avhandling

Offentliggörandet av avhandlingen kallas *spikning*. Det

sker före disputationen och innebär att avhandlingen anslås på universitetets officiella anslagstavla. Spikningen har en symbolisk funktion – den gör avhandlingen offentligt tillgänglig för allmän granskning.

Disputationen

Disputation är den akademiska akt där en doktorand inför publik försvarar sin doktorsavhandling. Om doktoranden godkänts på sina kurser inom utbildningen samt på ett vetenskapligt nöjaktigt sätt författat och adekvat försvarat sin avhandling, avlägger denne därmed doktorsexamen.

Disputationsakten

1. **Inledning**
   Ordföranden öppnar disputationen och presenterar doktoranden, betygsnämnden, opponenten och handledarna.
2. **Presentation**
   Opponenten eller respondenten gör en sammanfattande presentation av avhandlingen.
3. **Opponering**
   En **opponent** (ofta en extern expert) granskar avhandlingen kritiskt och ställer frågor om forskningsmetod, resultat och slutsatser. Det är opponentens uppdrag att framföra vetenskapligt motiverad kritik som respondenten skall besvara. Opponentens granskning av avhandlingen skall utformas som en dialog mellan opponent och respondent.
4. **Frågor från betygsnämnden och publiken**
   Nämnden och övriga närvarande kan ställa frågor.

Efter disputationen överlägger betygsnämnden och meddelar om avhandlingen inklusive försvaret blir godkänd eller underkänd.

Opponenten är ofta en professor eller docent från ett annat lärosäte i Sverige eller utomlands.

Betygsnämnden i en disputation består i Sverige av tre eller fem ledamöter. Dessa ska vara professorer eller docenter, men behöver inte vara verksamma inom exakt samma ämnesområde som doktoranden.

Betygsnämnden utses av fakulteten (om sådan finns), efter förslag från ämnesföreträdaren. Det är vanligt att majoriteten av ledamöterna rekryteras från andra lärosäten, och de får inte ha otillbörligt nära relationer med doktoranden/respondenten eller dennes handledare. Syftet är att säkerställa en objektiv och rättvis bedömning av avhandlingen

För doktorsexamen används inte graderade betyg utan endast betyget godkänd.

Doktorsgrad eller doktorsexamen

Före högskolereformen 1970 användes i regel begreppet *doktorsgrad* för att beteckna den högsta akademiska examen inom ett ämnesområde. Efter reformen infördes en mer enhetlig och strukturerad examensordning, och begreppet ersattes gradvis av dagens benämningar som *doktorsexamen* och *licentiatexamen*, i enlighet med det moderniserade högskolesystemet.

För att få en doktorsgrad behövde man inte bara skriva en avhandling i ett huvudämne, utan också visa tillräcklig kompetens i ett biämne. Det kunde ske genom att läsa kurser, tentera eller skriva en mindre uppsats i det ämnet.

Doktorsavhandlingen betygsattes.

Efter 1970 användes i regel begreppet doktorsexamen
Reformen förenklade och moderniserade systemet. Biämnet togs bort. Fokus lades helt på huvudämnet och avhandlingen. Man började i stället med ett rent godkänd/icke godkändsystem för disputation.

Infördes som en frivillig mellanstation i forskarutbildningen.

Tanken bakom att ta bort biämnet och betyg var bland annat
- att minska onödiga hinder och specialkrav.
- att göra forskarutbildningen mer tillgänglig och relevant.
- att få fram fler forskare snabbare, i takt med samhällets ökade behov av akademiker.

Kuriosa
Vid **Åbo Akademi** finns en särskild bestämmelse som reglerar disputationens längd. En disputation får där inte pågå längre än sex timmar.

11. AKADEMISK HÖGTID

Då kommer frackarna fram. Förutom vid Nobelbanketten är det snart bara vid akademiska högtider som frack är påbjudet.

Den akademiska högtiden är en återkommande ceremoni där de som doktorerat promoveras och de som utsetts till professorer installeras. Gäster som är betydelsefulla för universitetet bjuds in, liksom medarbetare och studenter.

Doktorspromotion

En doktorspromotion är en akademisk ceremoni där insignier för doktorsgrad utdelas. Den akademiska sedvänjan kring promotionen kan variera mellan olika lärosäten.

För doktorsexamen kan insignierna bestå av diplom, doktorshatt eller lagerkrans och doktorsring.

Själva doktorsexamen erhålls i och med att avhandlingen efter disputationen har fått betyget godkänt, samtliga kurser är avklarade och universitetets examensavdelning därefter utfärdat *examensbevis*. Deltagande i promotionen är numera frivilligt. Den person som utför promotionen kallas **promotor**.

Doktorshatten (eller lagerkransen som vid vissa fakulteter utdelas i stället för hatt) sätts av en särskild promotor under ceremoniella former på den nyblivne doktorns huvud.

Akademisk högtid

Universitet och högskolor kan utse **hedersdoktorer** (doctor honoris causa). Det är en hederstitel som ges till personer som har gjort stora och viktiga insatser inom ett visst område – till exempel vetenskap, kultur, samhälle eller näringsliv – utan att ha gått den utbildning vid lärosätet som vanligtvis krävs för en doktorsexamen.

Att bli hedersdoktor är ett sätt för universitetet att visa uppskattning och erkänna någons värdefulla arbete.

Jubeldoktor
Femtio år efter att en person har blivit doktor kan han eller hon promoveras igen. Då deltar man i universitetets

vanliga promotionsceremoni, men hedras särskilt som jubeldoktor. Under ceremonin får man ett diplom som bevis på detta.

Professorsinstallation

Akademisk högtid är ett tillfälle då rektor installerar nya professorer i deras ämbeten. I samband med detta håller i regel de nya professorerna installationsföreläsningar.

Professorsinstallation

Rektorsinstallation

En rektorsinstallation är en betydelsefull ceremoni där en ny rektor formellt installeras på sin position. Installationer sker vanligtvis i samband med andra viktiga akademiska eller traditionella högtider, som en del av universitetets kultur och tradition.

12. HÖGSKOLEPROV

Högskoleprovet är ett alternativt sätt att komma in på en utbildning – särskilt om betygen inte räcker till. Provet ger en extra chans att bli antagen, eftersom konkurrensen sker i en särskild urvalsgrupp.

Det finns många fördelar med att skriva högskoleprovet:
- Det är alltid ditt **bästa resultat** som räknas.
- Resultatet är giltigt i **åtta år**.
- Man kan göra provet flera år innan man behöver använda det.
- Minst **en tredjedel** av platserna på en utbildning ska gå till dem som söker via högskoleprovet.

Genom att skriva provet ökar chanser att komma in på drömutbildningen.

Man behöver inte få full pott (2,00) på högskoleprovet för att komma in på populära utbildningar. Ett högt resultat ökar chanserna rejält och kan öppna dörrar till många olika utbildningar.

Att skriva högskoleprovet tar hela dagen, kostar 550 kronor och går att skriva på många orter i Sverige och på vissa platser utomlands.

Umeå universitet ansvarar för att skapa alla delar av provet, förutom den engelska delen (ELF), som görs av Göteborgs universitet.

Poängen räknas på provet och görs om till ett normerat resultat mellan **0,00 och 2,00**. Det är det normerade resultatet som används när man söker till utbildningar.

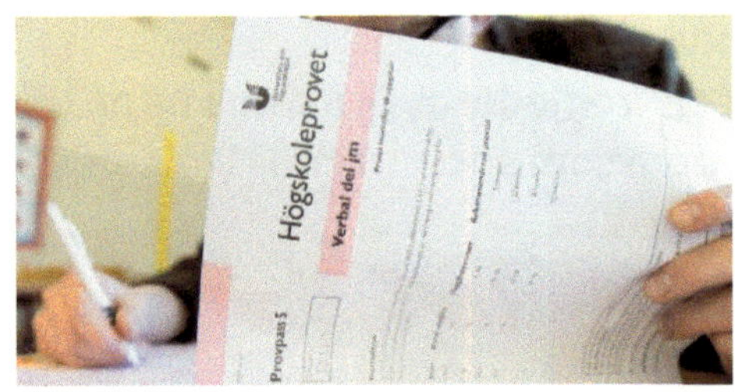

Högskoleprovets delar

Högskoleprovet består av 160 uppgifter. Åtta delprov fördelat på två pass. Det verbala provpasset består av de fyra delarna ordförståelse, svensk läsförståelse, meningskomplettering och engelsk läsförståelse.

Det kvantitativa provpasset består av de fyra delarna matematisk problemlösning, kvantitativa jämförelser, kvantitativa resonemang samt diagram, tabeller och kartor.

13. DISTANSUTBILDNING

Under 2010-talet blev vi vana vid att kommunicera på distans. Möten behöver inte längre innebära resor – med hjälp av digitala verktyg kan vi prata och samarbeta oavsett var vi befinner oss.

Samma teknik används också i undervisning. Många kurser ges numera helt eller delvis på distans.

Detta är särskilt värdefullt inom livslångt lärande, där många som redan har jobb eller familj inte har möjlighet att studera på plats.

Fördelar med distansutbildning:

- Studenter kan studera när och var de vill, vilket passar särskilt bra för personer med arbete, familj eller andra åtaganden.
- Möjlighet att studera oavsett geografisk plats och utan att behöva pendla.
- Många utbildningar låter studenterna arbeta i sin

egen takt, vilket kan vara positivt för självständiga inlärare.

- Minskade kostnader för resor och boende.
- Studenter utvecklar digitala färdigheter och lär sig att hantera olika digitala verktyg.

Nackdelar med distansutbildning:

- Mindre kontakt med lärare och kurskamrater kan leda till känsla av isolering.
- Studenter måste vara självmotiverade och strukturerade för att lyckas.
- Internetuppkoppling eller tekniska problem kan störa undervisningen.
- Snabbt stöd från lärare eller klasskamrater kan vara mer utmanande att få jämfört med fysisk undervisning.
- Alla kurser är inte lika väl anpassade för distansundervisning.

Det blir mer och mer vanligt att även campusundervisning får inslag av distansundervisning, där uppgifter ska lösas digitalt och sändas åter till lärosätet.

Kommunala lärcentra

Kommunala lärcentra är lokala studieplatser som kommuner erbjuder för att stödja distansstudier och livslångt lärande. De är ett bra alternativ för den som vill plugga på distans men ändå ha tillgång till stöd, teknik och socialt sammanhang.

På ett kommunalt lärcentrum kan man ofta få tillgång till:

- Tysta studieplatser och grupprum.
- Datorer, skrivare, internet och videokonferensutrustning.
- Stöd från handledare, studieteknik och vägledning.
- Skriva på plats och slipp långa resor.
- Samarbete med universitet, högskolor och yrkeshögskolor.

Internationell distansundervisning

Datanätet har inga gränser – en föreläsning som hålls i New York kan enkelt ses och höras över hela världen.

Detta gör det möjligt med internationell distansundervisning, där man kan studera vid ett utländskt universitet eller en annan utbildningsinstitution utan att behöva resa dit

Tack vare digital teknik och global uppkoppling har detta blivit allt vanligare.

Man studerar helt enkelt online, och utbildningen kan vara en kort kurs, ett certifikatprogram, eller en hel högskoleutbildning.

Fördelar med internationell distansundervisning

- Tillgång till världens främsta auktoriteter inom ett visst område.
- Tillgång till utbildningar och specialiseringar som kanske inte erbjuds i hemlandet.
- Studera från valfri plats och kombinera studier med arbete eller andra åtaganden.
- Interaktion med lärare och studenter från olika de-

lar av världen, vilket ger internationella perspektiv.
- Möjlighet att förbättra språkkunskaper genom studier på främmande språk.
- Examensbevis från välrenommerade utländska universitet kan vara attraktiva för arbetsgivare.

Nackdelar med internationell distansundervisning
- Liveföreläsningar kan vara på obekväma tider beroende på tidszon.
- Avgifter för internationella program kan vara höga, och stipendier kan vara begränsade.
- Studier på ett främmande språk kan vara utmanande.
- Svårare att nätverka och skapa personliga kontakter.
- Ibland kan det krävas att examen godkänns av en myndighet för att vara giltig i hemlandet.

Exempel på internationella distansutbildningar
- **MOOCs (Massive Open Online Courses)**
  Coursera, edX och FutureLearn erbjuder kurser från världsledande universitet.
- **Universitetsprogram**
  Institutioner som University of London, Open University (UK) och Arizona State University erbjuder fullständiga distansprogram.
- **Språkkurser**
  Plattformar som Duolingo och Babbel ger språkstudier online.

14. YRKESHÖGSKOLOR

Yrkeshögskola är en eftergymnasial utbildningsform som fokuserar på specifika yrkesområden. Utbildningarna varar oftast mellan ett och tre år och kombinerar teoretiska studier med praktik (så kallad LIA – Lärande i arbete) ute på arbetsplatser. Yrkeshögskolans utbildningar är utformade i nära samarbete med arbetslivet och anpassade efter arbetsmarknadens behov.

Yrkeshögskoleutbildningar finns inom flera olika branscher över hela landet. Utbildningarna ska svara mot arbetslivets behov av yrkeskompetens och drivs i nära samverkan med företag och arbetsgivare.

Utbildning finns inom följande områden:
- Bygg, anläggning och fastighet
- Data/IT
- Djurvård, lantbruk, skog och trädgård
- Ekonomi, administration och försäljning
- Friskvård och kroppsvård
- Hotell, restaurang och turism

- Hälso- och sjukvård samt socialt arbete
- Journalistik och information
- Juridik
- Kultur, media och design
- Pedagogiskt arbete
- Säkerhetstjänster
- Teknik och tillverkning
- Transporttjänster
- Övrigt

15. UNIVERSITETENS FINANSIERING

Universitetsfinansiering kan vara komplex och varierar. Generellt sett kommer finansieringen från flera källor.

De flesta universitet får en stor del av sin budget från staten i form av anslag som täcker utbildning, forskning och verksamhet. Offentlig finansiering kan baseras på studentantal, forskningsresultat eller politiska prioriteringar.

Universiteten ansöker om medel från forskningsråd, stiftelser, EU-program och privata företag för specifika projekt. Dessa medel täcker ofta löner och utrustning för forskningsprojekt.

Universiteten kan tjäna pengar på uppdragsutbildning, konsulttjänster, patent, licensiering av teknik och samarbete med industrin.

I många länder betalar internationella studenter högre studieavgifter, vilket utgör en stor inkomstkälla. I Sverige betalar studenter från alla länder utom EU/EES-länderna en årlig avgift.

Grundutbildning

Finansieringsmodellen för statlig grundutbildning vid universitet och högskolor i Sverige är huvudsakligen baserad på anslag från staten.

- **Utbildningsanslag** (Takbelopp)
  Regeringen beslutar årligen om ett takbelopp för varje universitet och högskola. Detta belopp anger det maximala anslag ett lärosäte kan få för grund-

utbildning under året.

- **Takbeloppet** baseras på:
  Antalet helårsstudenter (HST)
  Hur många heltidsstudenter som är registrerade.
  Antalet helårsprestationer (HPR)
  Hur många poäng studenterna faktiskt klarar av under året.

Ersättning per helårsstudent (HST) och helårsprestation (HPR) för universitet och högskola, tkr efter utbildningsområde 2023.

	HST	HPR
Dans	231,5	127,9
Design	165,6	100,9
Humanistiskt, teologiskt, juridiskt, samhällsvetenskapligt	34,3	22,3
Idrott	120,7	55,8
Konst	235,1	100,9
Media	336,0	269,1
Medicinskt	69,4	84,4
Musik	142,9	90,3
Naturvetenskapligt, tekniskt, farmaceutiskt	58,4	49,3
Odontologiskt	51,4	59,8
Opera	340,5	203,7
Teater	329,2	164,0
Undervisning	41,7	43,7
Verksamhetsförlagd utbildning	59,1	57,3
Vård	62,1	53,8
Övrigt	46,9	38,1

Ersättningen varierar beroende på utbildningsområde. Till exempel är tekniska och naturvetenskapliga utbildningar dyrare än samhällsvetenskapliga och humanistiska utbildningar.

Forskningsfinansiering

Sedan 2009 har forskningsanslagen i stor utsträckning fördelats enligt ett system som baseras på både kvantitativa och kvalitativa kriterier. Här är några av de viktigaste faktorerna som styr fördelningen:

1. **Resultatbaserad fördelning** (Kvalitetsbaserad fördelning)

   Publikationer och citeringar

   En stor del av forskningsanslagen fördelas efter vetenskapliga prestationer, framför allt publicerade artiklar och deras citeringsfrekvenser. Detta är en direkt indikator på forskningsverksamhetens internationella genomslag.

   Externa medel

   Universitet och högskolor får också medel baserat på hur mycket externa forskningsfinansiering de lyckas attrahera. Detta kan inkludera forskningsbidrag från externa aktörer, såsom EU, näringslivet eller andra offentliga forskningsfinansiärer.

2. **Uppdrag och strategiska satsningar**

   Regeringen fördelar också medel för specifika strategiska satsningar, till exempel inom områden där man vill prioritera forskning av särskild samhällsnytta eller framtida konkurrensfördelar. Detta kan innefatta satsningar på forskningsområden som hållbar utveckling, digitalisering eller medicinsk forskning.

Fördelning av forskningsmedel under perioden 2009-2023

2012 Forskningspropositionen

I denna proposition betonades vikten av att skapa ett sammanhållet och konkurrensbaserat system för forskningsfinansiering. Detta innebar att mer pengar skulle gå till universitet och högskolor som presterade väl, framför allt i form av publiceringar och externa anslag.

2017 Strategiska satsningar

Regeringen och de ansvariga myndigheterna började införa större strategiska satsningar på vissa forskningsområden, där man såg ett särskilt behov av stöd, exempelvis forskning om klimatförändringar och digitalisering.

2020 Förstärkning av forskningsmedel

En del av forskningsanslagen började fördelas för att stärka forskningens kvalitet och konkurrenskraft på internationell nivå, vilket innebar ökade anslag för de mest framstående forskningsmiljöerna.

Regeringen har nyligen utsett åtta nya strategiska forskningsområden (SFO:er) som en del av satsningen för att stärka svensk forskning och dess internationella genomslag. Dessa områden är:

- Hälsa, life science och artificiell intelligens
- Kvanttekniker
- Polarforskning
- Klimatrelaterad forskning
- Krisberedskap och totalförsvaret
- Praktiknära professionsforskning om brottslighet
- Excellens i skolan
- Forskning om avancerade material

Extern finansiering

Utöver statliga anslag kan universitet och högskolor finansieras genom:

- Forskningsanslag från forskningsråd och EU-program.
- Donationsmedel från privatpersoner och organisationer.

Universitets- och högskolesektorns utgifter för FoU (2023) milj.kr

Naturvetenskap	12 709
Teknik	7 535
Medicin och hälsovetenskap	14 533
Lantbruksvetenskap och veterinärmedicin	2 938
Samhällsvetenskap	7 204
Humaniora och konst	2 971
	47 888

Universitets- och högskolesektorns utgifter för FoU, totalt efter lärosäte (2023) Milj.kr. (endast lärosäte med över 400 milj kr per år)[8]

Chalmers tekniska högskola	2 904
Göteborgs universitet	4 256
Karlstads universitet	427
Karolinska institutet	6 189
Kungl. Tekniska högskolan	3 557
Linköpings universitet	2 720
Linnéuniversitetet	663
Luleå tekniska universitet	1 088
Lunds universitet	6 686
Malmö universitet	495
Mittuniversitetet	458
Mälardalens Universitet	512
Stockholms universitet	3 478
Sveriges lantbruksuniversitet	2 912
Umeå universitet	2 610
Uppsala universitet	5 500
Örebro universitet	571
Totalt	**47 888**

Högskolesektorns FoU-utgifter utifrån finansieringskälla 2023

- Direkta anslag, 40 %
- Forskningsfinansiärer, 20 %
- Privata icke-vinstdrivande organisationer, 14 %
- Övriga statliga myndigheter, 9 %
- Övriga källor, 5 %
- EU inkl. ERC, 5 %
- Företag, 3 %
- Regioner och kommuner, 3 %
- Offentliga forskningsstiftelser, 3 %

Källa: SCB

Forskningsråd

Forskningsråd är en organisation för forskningsfinansiering. Ett forskningsråd förmedlar finansiering till enskilda forskare eller forskargrupper på projektbasis efter att dessa lämnat in ansökningar och beskrivningar av den tilltänkta forskningen. Ansökningarna utvärderas normalt av andra erfarna forskare inom aktuellt område. Denna form av finansiering i konkurrens skiljer sig normalt från hur annan statlig finansiering, till exempel i form av anslag, fördelas till universitet och forskningsinstitut.

KK-stiftelsen, Stiftelsen för Strategisk Forskning (SFF), Stiftelsen för miljöstrategisk forskning (Mistra) och Stiftelsen för internationalisering av högre utbildning och forskning (STINT) är forskningsstiftelser som bildades 1994 av kapital från de avskaffade löntagarfonderna.

Vetenskapsrådet

Vetenskapsrådet

Under 2022 mottog Vetenskapsrådet totalt 5 298 ansökningar, varav 1 005 beviljades, vilket resulterade i ett totalt beviljat belopp på drygt 4,5 miljarder kronor för de kommande åren[9].

Fördelningen av beviljade medel per ämnesområde var som följer:

- **Medicin och hälsa**
  1 541 milj. kronor
- **Naturvetenskap och teknikvetenskap**
  1 384 milj. Kronor
- **Humaniora och samhällsvetenskap**
  944 milj. Kronor
- **Utvecklingsforskning**
  209 milj. Kronor
- **Utbildningsvetenskap**
  191 milj. Kronor
- **Klinisk behandlingsforskning:**
  195 milj. Kronor
- **Konstnärlig forskning:**
  75 milj. kronor

Den genomsnittliga beviljandegraden över alla ämnesområden var 19 procent.

Stiftelsen för Strategisk Forskning (SSF)

Stiftelsen för Strategisk Forskning (SSF) är en oberoende stiftelse som finansierar forskning inom naturvetenskap, teknik och medicin. Stiftelsen delar årligen ut cirka 700-800 miljoner kronor till forskningsprojekt för att stärka Sveriges framtida konkurrenskraft. SSF är en av Sveriges största forskningsfinansiärer och verkar för att forskningen ska komma till nytta för svensk industri och samhälle[10].

Stiftelsen för kunskaps- och kompetensutveckling (KK-stiftelsen)

KK-stiftelsen bidrar till att stärka svensk konkurrenskraft genom att finansiera forskning och kompetensutveckling vid Sveriges högskolor och nyare universitet, när det sker i samverkan med näringslivet. Det kapital som är grundförutsättningen för verksamheten uppgick vid starten 1994 till 3,6 miljarder kronor. Genom god förvaltning har man hittills kunnat finansiera forsknings- och utbildningsprojekt för över 12 miljarder kronor[11].

Under 2022 beviljade Stiftelsen för kunskaps- och kompetensutveckling (KK-stiftelsen) totalt 467 miljoner kronor till 78 projekt inom forskning och kompetensutveckling vid 14 svenska lärosäten.

Karlstads universitet mottog den största andelen av dessa medel, sammanlagt 97 miljoner kronor, fördelat på flera projekt, inklusive två företagsforskarskolor och en forskningsprofil.

Stiftelsen för miljöstrategisk forskning (Mistra)

Mistra är en oberoende stiftelse och forskningsfinansiär som sedan 1994 investerar i forskning av strategisk betydelse för miljö och hållbar utveckling. Stadgarna utgör ramen för Mistras verksamhet. För att nå vår långsiktiga vision är våra prioriteringar: utforska, samarbeta och påverka.

Stiftelsen för internationalisering av högre utbildning och forskning (STINT)

STINT främjar internationalisering av svensk högre utbildning och forskning. Genom att ge lärare som brinner för undervisningsfrågor internationell erfarenhet, vill STINT bidra till att utveckla högre utbildning i Sverige[12].

Under 2022 beviljade Stiftelsen för internationalisering av högre utbildning och forskning (STINT) totalt 16,3 miljoner kronor till 32 projekt inom programmet Mobility Grants for Internationalisation.

International Institute for Industrial Environmental Economics (IIIEE)

International Institute for Industrial Environmental Economics (IIIEE), eller officiellt Internationella Miljöinstitutet, är en stiftelse inrättad efter beslut i Sveriges riksdag 1994, och agerar som ett forsknings- och utbildningsinstitut särskilt inriktat på industriell miljöekonomi[13].

Dessa myndigheter spelar en central roll i att stödja både grundforskning och behovsmotiverad forskning inom olika områden. Regeringen har också föreslagit ökade anslag till dessa forskningsfinansiärer i budgetpropositionen för 2025, med en planerad satsning på närmare 4,9 miljarder kronor för att stärka svensk forskning och innovation.

Dessa aktörer står för en stor del av den offentliga forskningsfinansieringen i Sverige och spelar en viktig roll för svensk forskning och innovation.

Riksbankens Jubileumsfond
Stiftelsen Riksbankens Jubileumsfond (RJ) är en fristående stiftelse som främjar och understödjer humanistisk och samhällsvetenskaplig forskning.

Styrelsens sammansättning med parlamentariker och forskare ger stiftelsen viktiga och unika egenskaper.

Stiftelsen vill genom sin finansiering främja grundläggande forskning av högsta vetenskapliga kvalitet inom humaniora och samhällsvetenskap.

Forskning inom humaniora och samhällsvetenskap behövs för att kunna förstå och hantera samhällets aktuella utmaningar, nationellt och globalt. Forskningsområdet är i särskilt behov av långsiktigt stabil forskningsfinansiering.[14]

Forskningsmedel från EU

Forskningsmedel från EU är ekonomiskt stöd som Europeiska unionen erbjuder till forskare, universitet, företag och andra organisationer för att driva forsknings- och innovationsprojekt. Här är en översikt av de viktigaste programmen och hur man söker:

De största EU-programmen för forskningsmedel

- **Horisont Europa (Horizon Europe)**
  Horisont Europa är EU:s främsta initiativ för forskning och utveckling. Det främjar EU:s vetenskapliga och tekniska spetskompetens, stärker konkurrenskraften och skapar arbetstillfällen.
  Budget
  Över 95 miljarder euro
  Delar
  Excellent Science (ERC, Marie Skłodowska-Curie Actions)
  Global Challenges & European Industrial Competitiveness
  Innovative Europe
  Exempel
  Grundforskning, teknikutveckling, klimatomställning, hälsa, digitalisering

- **ERC – European Research Council**

  European Research Council (ERC) är ett offentligt organ för finansiering av vetenskaplig och teknisk forskning som bedrivs inom Europeiska unionen (EU).

  Olika typer av bidrag:
  Starting Grant,
  Consolidator Grant,
  Advanced Grant

- **Marie Skłodowska-Curie Actions (MSCA)**

  Marie Skłodowska-Curie-åtgärderna är en uppsättning av forskningsanslag som administreras av Europeiska kommissionen med syfte att stödja forskning inom det europeiska forskningsområdet. Mellan 2014 och 2020 utgör MSCA en del av Horisont 2020.

  Passar unga forskare, doktorander och postdocs

- **EUREKA / Eurostars**

  Eureka Eurostars-programmet är ett internationellt finansieringsprogram vars huvudsyfte är att stödja innovativa små och medelstora företag i utvecklingen av marknadsorienterade transnationella FoU-projekt.

Att få forskningsmedel

En forskare ägnar en stor del av sin arbetstid till att skriva ansökningar om forskningsmedel för att finansiera sin egen forskning och därmed få tid att skriva fler ansökningar. Inom vissa områden är konkurrensen hård så att andelen beviljade är så låg som 10-20 procent.

Många forskningsfinansiärer kräver en medfinansiering från det omgivande samhället. Det är också vanligt att man inrättar olika tematiska forskningsprogram, där man söker och i bästa fall får ett forskningsanslag i några år, men där universitetet lovar ta över finansieringen efter programperioden. Detta innebär att universitetets statliga forskningsanslag blir *intecknade* för dessa programområden.

16.STUDIEFINANSIERING

För studier på högskola eller universitet kan studenten ansöka om studiemedel eller omställningsstudiestöd. Vilka stöd som finns beror på utbildning, ålder och situation.

Studiemedel är bidrag och lån för studier från CSN (Centrala Studiestödsnämnden). Det kan handla om studier inom vuxenutbildning, på folkhögskola, yrkeshögskola, högskola eller universitet samt för vissa utbildningar utomlands.

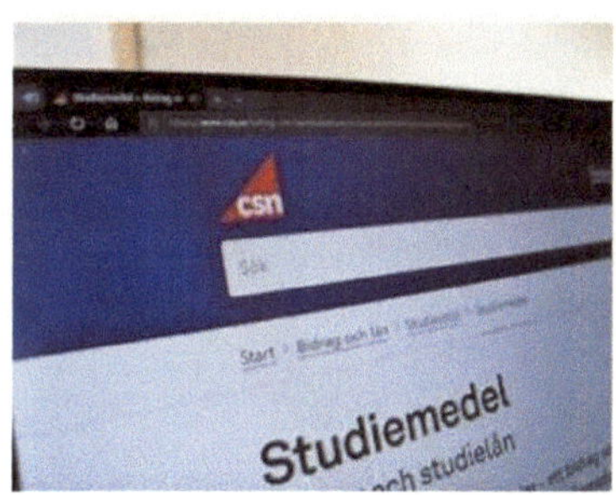

Studiebidrag
- Belopp: 1 292 kr/mån (2025).
- Behövs inte betalas tillbaka.
- Gäller studerande på heltid och är under 57 år.
- För högskola/universitet krävs minst 30 hp per termin.

Studielån

- Belopp: upp till 8 640 kr/mån (2025).
- Betalas tillbaka när studenten börjar jobba.
- Betalningen är låg i början och ökar gradvis. Ska betala i upp till 25 år (eller tills studenten är 60 år).

Hur länge kan man få CSN?

- Max 240 veckor (motsvarar 6 års heltidsstudier).
- Olika regler beroende på utbildningsnivå.

Man får jobba extra, men det finns ett fribelopp. Tjänar man mer än det kan ditt studielån och -bidrag minska.

Studiemedel kan sökas för Komvux (vuxenutbildning), folkhögskola, yrkeshögskola, högskola och universitet samt vissa utbildningar utomlands

17. KVALITETSSÄKRINGSSYSTEM

Universitetskanslersämbetet

Universitetskanslersämbetet (UKÄ) är en statlig myndighet som har till uppgift att tillse att universitet och högskolor följer de lagar och regler som är gällande. Det gäller bland annat bestämmelserna i högskolelagen, högskoleförordningen och förvaltningslagen.

Granskning av lärosätenas kvalitetssäkringsarbete fokuserar på huruvida lärosätenas kvalitetssäkringsarbete på ett systematiskt och ändamålsenligt sätt bidrar till att säkerställa och utveckla utbildningarnas och forskningens kvalitet. Denna typ av granskning visar hur väl lärosätet själv kan garantera kvalitet i sin verksamhet. Vidare ges omdömen som kan påverka lärosätens rätt att ge vissa examina.

Examenstillståndsprövningarna bedömer om ett lärosäte har de förutsättningar som krävs för att utfärda en viss examen. Denna typ av granskning fungerar som en kontrollfunktion för att säkerställa att utbildningen har rätt förutsättningar innan start.

Utbildningsutvärderingarna granskar om utbildningarna uppnår de mål som ställts upp i examensordningen det vill säga att studenterna erhåller de kunskaper och förmågor som de förväntas få genom en examen. Denna granskning utvärderar kvaliteten på utbildningar med fokus på resultat. ("Nationellt Kvalitetssäkringssystem")

De tematiska utvärderingarna ger en bredare överblick genom att utvärdera och analysera teman som är viktiga för den högre utbildningens utveckling. Granskningen bidrar med nationella jämförelser och kunskap som kan användas för att utveckla kvaliteten i högre utbildning. ("Nationellt Kvalitetssäkringssystem") Se även s.38!

Universiteten
Universitetens kvalitetssäkringssystem är en strukturerad process för att säkerställa och förbättra kvaliteten på utbildning och forskning. I Sverige är kvalitetssäkring en viktig del av högskolesektorns arbete och styrs av både nationella och internationella riktlinjer.

Kvalitetssäkringen är en viktig grund för resursfördelningen inom grundutbildningen. Ekonomiska medel fördelas efter universitets prestationer mätt i så kallade Helårsstudenter (HST) och Helårsprestationer (HPR). Det ligger en frestelse i att sänka förkunskapskraven för att få fler studenter inskrivna och sänka examinationskraven för at öka antalet helårsprestationer.

Syftet med kvalitetssäkring vid universitet är att säkerställa att utbildningar håller hög akademisk standard samt stärka studenternas lärande och utbildningsresultat. Detta för att utveckla forskningsmiljöer och främja vetenskaplig kvalitet och samt uppfylla krav från såväl staten och som från externa intressenter.

Universitetet ansvarar själv för att utforma och följa upp sin egen kvalitet genom:

- Kurs- och programutvärderingar
- Studentfeedback och kursvärderingar
- Regelbundna granskningar av utbildningar
- Uppföljning av forskningsprojekt

Forskningens kvalitet kan t.ex. mätas i antalet publicerade vetenskapliga artiklar i erkända vetenskapliga tidskrifter, antalet citeringar, uppdrag inom den akademiska världen, erhållna externa forskningsmedel m.m.

18. UNIVERSITETENS LOKALER

Lokalfrågan för ett universitet handlar om hur universitet planerar, hyr, äger och använder sina lokaler – till exempel föreläsningssalar, laboratorier, kontor och bibliotek. Det är en viktig och ofta komplex fråga, eftersom lokalerna påverkar både ekonomi, utbildningskvalitet och forskningsmöjligheter.

I dag bedrivs en stor del av undervisningen i hybridform, där vissa studenter deltar på plats medan andra medverkar digitalt via Zoom eller liknande plattformar. Detta ställer högre krav på teknisk utrustning i undervisningslokalerna – såsom kameror, mikrofoner och högtalare – för att säkerställa att alla studenter får en likvärdig upplevelse. Samtidigt används lokalerna generellt i mindre utsträckning än tidigare, men de som används måste vara väl anpassade för hybridundervisning.

Hyr av Akademiska Hus

I Sverige hyr de flesta lärosäten sina lokaler från Akademiska Hus, ett statligt ägt fastighetsbolag. Det innebär att universiteten och högskolorna inte äger sina byggnader själva, utan betalar marknadsmässig hyra.

Universiteten gör lokalförsörjningsplaner där de analyserar sina behov utifrån

- Antal studenter och personal.
- Behov av specialutrymmen utrustade för hybridundervisning samt laboratorier, studios etc.
- Framtida förändringar i utbildning/forskning.

Målet är att effektivisera ytan, gärna mindre yta per person men bättre anpassad.

Ekonomi
Lokaler är en stor kostnad – ibland upp till 20–30 % av ett universitets totala budget. Det blir därför viktigt att:
- Minska outnyttjade ytor.
- Dela lokaler mellan institutioner.
- Ha flexibla lösningar.

Akademiska Hus är nästan alltid den enda realistiska hyresvärden för universitet och högskolor. Likaså är lärosätena nästan alltid den enda relevanta hyresgästen för Akademiska Hus, eftersom lokalerna är specialanpassade för utbildning och forskning.

Detta skapar ett konstlat marknadsförhållande, som ser ut som en fri hyresmarknad på pappret – men inte fungerar som en sådan i verkligheten.

Problem:
1. **Marknadshyra utan verklig marknad**
   Eftersom det inte finns andra realistiska alternativ varken för hyresvärd eller hyresgäst, blir begreppet *marknadshyra* i praktiken fiktivt. Akademiska Hus kan sätta hyresnivåer enligt en kalkylerad *marknadsmodell*, men universiteten har ingen reell förhandlingsposition.

2. **Asymmetrisk maktbalans**
   Akademiska Hus är ett statligt aktiebolag med vinstkrav och agerar som fastighetsägare på affärs-

mässiga grunder. Lärosätena är myndigheter eller offentliga institutioner med krav på kostnadseffektivitet och budgetdisciplin – utan vinstsyfte. Det skapar en snedvridning där lärosätena ofta får bära kostnaderna för investeringar som de inte själva styr över fullt ut.

3. **Inlåsningseffekt**
   Universitet kan inte enkelt flytta sin verksamhet om hyran blir för hög. Akademiska Hus kan inte enkelt byta hyresgäst om ett lärosäte drar sig ur – lokalerna är ofta skräddarsydda.

Det finns tydliga inslag av transferering av pengar mellan lärosäten, Akademiska Hus och staten – särskilt eftersom alla parter är statliga eller offentligt finansierade.

Så ser det ut i praktiken:
1. **Staten ger anslag till universiteten och högskolorna**
   Lärosätena får pengar från staten via regleringsbrev. Dessa pengar ska täcka bl.a. personal, verksamhet – och lokalkostnader.

2. **Universiteten betalar hyra till Akademiska Hus**
   Lärosätena hyr sina lokaler av Akademiska Hus, som är ett statligt ägt bolag. Hyran sätts enligt en *marknadsmässig modell*, trots att båda parter är offentliga aktörer.

3. **Akademiska Hus gör vinst – som går tillbaka till staten**

   Akademiska Hus gör ofta stora vinster, som i sin tur betalas tillbaka till staten som utdelning.

Vad är Akademiska Hus avkastningskrav?

Akademiska Hus är ett statligt ägt fastighetsbolag, som äger och förvaltar fastigheter främst för universitet och högskolor. Eftersom det är ett statligt bolag finns särskilda krav och mål, inklusive ett avkastningskrav från ägaren (staten).

Enligt den senaste informationen från 2025 har Akademiska Hus ett avkastningskrav på 6,0 procent på det operativa kapitalet, vilket innebär att bolaget ska generera en avkastning på minst 6,0 procent på det kapital som investerats i verksamheten.

Det har funnits kritik mot detta avkastningskrav, särskilt från lärosäten som upplever att de höga lokalhyrorna påverkar deras ekonomi negativt.

Akademiska Hus betonar att deras hyror sätts utifrån marknadsmässiga principer, vilket innebär att de baseras på faktorer som läge, lokalens skick, kontraktstid och efterfrågan, snarare än på avkastningskravet.

19. UNIVERSITETENS *TREDJE UPPGIFT*

Universitetets tredje uppgift är ett begrepp i Sverige som syftar på universitetens och högskolornas ansvar att samverka med det omgivande samhället och informera om sin verksamhet och sina resultat.

Vad innebär den tredje uppgiften konkret?
- Sprida kunskap till allmänheten t.ex. genom populärvetenskapliga föreläsningar, böcker, artiklar, intervjuer.
- Samarbete med näringsliv, offentlig sektor och ideella organisationer – för att bidra till innovation, samhällsutveckling och problemlösning.
- Delta i samhällsdebatt.
- Forskare bidrar med sin expertis i frågor av allmänt intresse.
- Tillgängliggöra forskningsresultat t.ex. via öppen vetenskap och publikationer som allmänheten kan ta del av.

Det stärker kopplingen mellan forskning/utbildning och samhället, ökar förståelsen för vetenskap, och hjälper till att omsätta kunskap till nytta utanför akademin.

Historiskt var en viktig del av universitetens traditionella roll att vara en samhällskritisk institution. Den akademisk frihet har varit central för att forskare ska kunna granska maktstrukturer och samhället utan rädsla för repressalier. Den nästan oavsättliga professuren var en garant för detta oberoende, så att forskning och undervisning kunde bedrivas fritt från politiska eller ekonomiska påtryckningar.

Med tredje uppgiften finns det en risk att universitetens oberoende kan påverkas, särskilt om samverkan med näringsliv och offentliga aktörer leder till styrning eller anpassning av forskningen utifrån externa intressen. Det har lett till debatt om hur universitet kan balansera samhällsnytta med kritisk granskning och autonomi.

Staten spelar en aktiv roll i att stimulera den tredje uppgiften genom riktade uppdrag, finansiering och krav på samverkan. Universitet och högskolor får ofta ekonomiska incitament för att samarbeta med näringslivet, offentliga sektorn och civilsamhället. Regeringen inkluderar också uppdraget i högskolelagen, vilket gör det till en skyldighet för lärosätena att sprida kunskap och bidra till samhällets utveckling.

Det här kan skapa ett dilemma: Å ena sidan stärker det forskningens samhällsrelevans och främjar innovation och tillväxt. Å andra sidan kan det leda till att vissa forskningsområden prioriteras framför andra - särskilt de som är kommersiellt gångbara eller politiskt attraktiva. Kritiker menar att detta kan minska den akademiska friheten och forskarnas möjlighet att bedriva kritisk forskning.

20. AKADEMISK ORDLISTA

- **Adjungerad professor**
  Är en anställningsform där läraren har sin huvud-sysselsättning utanför lärosätet och fungerar som en länk mellan lärosätet och arbetslivet för att knyta viktig kompetens till lärosätet och möjliggöra kunskapsutbyte. Det förekommer även adjungerade universitetslektorer.

- **Akademisk högtid**
  En högtid då nyblivna doktorer promoveras och nya professorer installeras. Även nyblivna docenter kan uppmärksammas.

- **Akademisk kvart**
  En tradition vid nordiska universitet som innebär att en föreläsning eller lektion börjar en kvart efter hel timme enligt schemat. En förklaring till hur akademisk kvart uppstod är att studenterna förr i tiden inte hade egna fickur. Men i de gamla universitetsstäderna Uppsala och Lund bodde så gott som alla i domkyrkans närhet. När de då hörde kyrkklockan slå var det dags att gå hemifrån och ändå kunna hinna i tid till föreläsningen.

- **Anställningsordning**
  Kompletterar högskolelag (HL), högskoleförordning (HF), övriga föreskrifter och avtal med lokala regler för anställning av lärare. Anställningsordningen innehåller de regler som universitetet tillämpar beträffande lärarkategorier, övriga akademiska anställningar, behörigheter och bedöm-

ningsgrunder samt befordran.

- **Arbetsordning**

En arbetsordning är ett formellt dokument som beslutas av universitetsstyrelsen. Där redovisas rollfördelningen mellan olika nivåer i lärosätets organisation.

- **Autonomireformen**

Innebär en decentralisering av beslut om organisationen till den lokala nivån, men samtidigt en centralisering till rektor/styrelse inom lärosätet.

- **Avhandlingen**

Kan vara en monografi eller en s.k. sammanläggningsavhandling som tillsammans med erforderliga kursmoment ger en doktorsexamen. En monografi innebär att avhandlingen utgörs av ett enhetligt sammanhängande dokument där forskaren presenterar hela sitt forskningsarbete i ett enda sammanhållet verk. En sammanläggningsavhandling består av ett antal vetenskapliga artiklar (ofta redan publicerade eller inskickade för publicering) som läggs samman och binds ihop av en så kallad *kappa* (ramberättelse eller sammanfattande text). Det sistnämnda innebär att avhandlingen består av ett antal vetenskapliga artiklar publicerade i vetenskaplig litteratur samt en sammanfattning.

- **Basår/bastermin**

För den som saknar förkunskaper eller för den som vill mjukstarta universitetsstudierna.

- **Betygsnämnd**

  Står för avhandlingens och försvarets godkännande vid disputationen och ska därmed vara en garant för vetenskaplig kvalitet. Betygsnämnden består vanligtvis av tre (eller fem) ledamöter.

- **Biträdande professor**

  Är inte reglerad i högskoleförordningen men förekommer i lokala anställningsordningar. De biträdande professorerna som finns är befordrade lektorer.

- **Bolognauniversitetet**

  Ofta betraktas universitetet i Bologna som det första riktiga universitetet. Universitetet i Bologna, grundat 1088, är fortfarande är i drift. Den moderna Bolognaprocessen (från 1999) syftar till att skapa ett gemensamt europeiskt utbildningsområde, men den har också lett till diskussioner om maktstrukturer vid universitet.

- **Campus**

  Universitetsområdet kallas vanligtvis för campus (det vill säga den fysiska platsen där de olika byggnaderna ligger, inklusive parker, caféer etc).

- **CSN**

  Centrala Studiestödsnämnden, förmedlar studiebidrag och -lån.

- **Disciplinnämnd**

  Ska finnas vid varje universitet som handlägger ärenden om disciplinära åtgärder. Endast rektor eller disciplinnämnden kan besluta om disciplinära åtgärder mot studenter. Består av rektor, lärarna, två för studenterna samt en lagfaren ledamot.

- **Disputation**
Är den akademiska akt där en doktorand inför publik försvarar sin doktorsavhandling.
- **Distansutbildning**
Utbildning som helt eller delvis bedrivs utanför campus med hjälp av digital teknik.
- **Docent**
Akademisk titel och professionell kvalifikation som ges till en person som uppnått hög kompetens och expertis inom sitt ämnesområde som markerar att innehavaren har uppnått en vetenskaplig och pedagogisk kompetensnivå som klart överstiger vad som krävs för doktorsexamen. För att bli docent ska man först ha avlagt en doktorsexamen och därefter ha forskat och publicerat en viss mängd av vetenskapliga resultat. Att vara docent är inte ett yrke utan är en vetenskaplig kompetensmarkering, som ej regleras i Högskoleförordningen.
- **Doktorand**
Är studerande inom forskarutbildningen, som leder till en doktorsexamen.
- **Doktorandtjänst**
Innehas av en doktorand och är begränsad till maximalt fyra års heltidsstudier.
- **Doktorsexamen**
Avslutar en forskarutbildning, vanligtvis efter fyra års studier efter en akademisk grundexamen.

- **Doktorshatten**
  Symboliserar frihet men också makt. Den är svart och veckad. Hatten utdelas vid promotion.

- **Doktorsringen**
  Är av guld och symboliserar trohet mot vetenskapen; de olika fakulteterna har skilda symboler, som pryder den. Vid ceremonin utdelas den endast till hedersdoktorerna; doktorer efter avlagda prov får själva avgöra om de vill skaffa ring eller ej.

- **Dugga**
  En dugga är oftast en kortare skriftlig examination som fokuserar på en specifik del av en kurs.

- **Emeritus/emerita**
  En titel som används i kombination med yrkestiteln av bland annat professorer när de gått i pension.

- **Erasmusprogrammet**
  Är Europeiska unionens program för internationellt samarbete och utbyte inom utbildning, ungdom och idrott.

- **Examination**
  En process för att bedöma och utvärdera en students kunskaper, färdigheter och förmågor.

- **Examinator**
  Den person som ansvarar för att bedöma och utvärdera studenters prestationer i examinationer.

- **Fackhögskola**
  Fackhögskolor kallas även specialiserade högskolor. I Sverige finns flera **fackhögskolor**, vilket är

högskolor som är specialiserade inom ett specifikt ämnesområde.

- **Fakultet**
  En fakultet är en organisatorisk enhet, som består av en grupp relaterade ämnen eller discipliner och får sitt uppdrag och mandat i universitetets arbetsordning.

- **Forskningsassistent**
  Fungerar som en assistent till ansvarig forskare och deltar därför i ett forskningsprojekt.

- **Forskarassistent**
  Är i Sverige en fyra- eller femårig universitetstjänst som tillsätt i konkurrens mellan forskare med doktorsexamen vanligen för den som avlagt sin doktorsexamen för högst fem år sedan.

- **Gästprofessor**
  Inbjuds av universitetet för att tillföra en speciell kompetens av värde för den aktuella verksamheten.

- **Helårsstudent HST**
  Är hur många heltidsstudenter som är registrerade.

- **Helårsprestation HPR**
  Är hur många poäng studenterna faktiskt klarar av under året.

- **Huvudområde**
  De ämnen som kan läsas på olika nivåer vid ett universitet kallas huvudområden. Huvudområden kan läsas på kandidat-, magister- eller mastersnivå.

- **Hybridundervisning**
  Innebär en kombination av fysisk och digital undervisning.
- **Högskoleexamen**
  Är en akademisk examen i Sverige, fastställd i sin nuvarande form 1977. Omfattar högskoleutbildning om 120 högskolepoäng motsvarande minst två års heltidsstudier fullgjorda på grundnivå vid svenskt universitet eller högskola.
- **Högskoleförordning**
  Förordningen är en av Sveriges regering beslutad förordning. Den är underordnad högskolelagen från 1977, som är stiftad av Sveriges riksdag. Till högskoleförordningen hör fyra bilagor.
  - **Bilaga 1**
    En förteckning över de universitet och högskolor som staten är huvudman för samt deras benämningar.
  - **Bilaga 2**
    Innehåller examensordningen som anger vilka examina som får avläggas och vilka krav studenterna ska uppfylla för respektive examen.
  - **Bilaga 3**
    Behandlar platsfördelning på grundval av betyg och meritvärdering av betyg.
  - **Bilaga 4**
    Innehåller vilka ämnen som får kombineras i en ämneslärarexamen.

- **Högskolelagen**
Innehåller bestämmelser för universitet och högskolor, som har staten som huvudman. Högskoleförordningen och Universitets- och högskolerådets författningssamling kompletterar högskolelagen (Se Högskoleförordningen!)

- **Högskolepoäng**
Enligt Bolognaöverenskommelsen kvantifieras studierna, så att en veckas studie motsvarar 1,5 högskolepoäng (hp). Ett läsår är alltså 60 hp. Jfr. tidigare svenska systemet där en veckas studie motsvarade 1 poäng (p).

- **Högskoleprovet**
Högskoleprovet är ett prov, som består av åtta delprov, för att mäta förmågan att klara högskole- och universitetsstudier och är därmed ett studiefärdighetsprov. Är Utifrån ett ansökningsperspektiv är den en helt egen urvalsgrupp.

- **Institution**
Är en organisatorisk enhet som ansvarar för utbildning och forskning inom ett visst akademiskt område. Chefen på en institution kallas prefekt.

- **Jubeldoktor**
Femtio år efter det att en doktor promoveras kan han eller hon promoveras på nytt. Doktorn deltar då i universitetets vanliga promotion och kreeras i en särskild ceremoni till jubeldoktor och erhåller ett diplom.

- **Kandidatexamen**
Majoriteten av kurserna i en sådan examen ska

vara på grundnivå. Omfattar exakt 180 högskolepoäng (tre års heltidsstudier).

- **Kurs**
All utbildning ges via kurser, som kan ge 30 hp (högskolepoäng) om de ges på heltid över en hel termin.

- **Ladok**
Ladok är universitetets studieregister. Registret innehåller uppgifter om alla studerande på grundnivå, avancerad nivå och forskarnivå.

- **Lagerkrans**
Utdelas av promotorerna inom de filosofiska fakulteterna.

- **Legitimationsyrken**
Socialstyrelsen, Skolverket eller Jordbruksverket utfärdar föreskrifter om vilka krav som gäller för respektive legitimationsyrkesexamina. Legitimationen utfärdas av dessa myndigheter. och är ett krav för att få utöva yrket.

- **Licentiatexamen**
Är i Sverige en akademisk examen på forskarnivå och motsvarar ungefär en halv doktorsexamen. dvs två års heltidsstudier där en licentiatuppsats författas.

- **Livslångt lärande**
Innebär att man kan fortsätta utbilda sig och utveckla sin kompetens genom hela livet, både inom och utanför det formella utbildningssystemet.

- **Lärcentra**
Kommunala lärcentra är lokala utbildningsmiljöer

som drivs av kommuner för att stödja distansutbildning och livslångt lärande.

- **Magisterexamen**
  Akademisk examen på avancerad nivå som uppnås efter tidigare kandidatexamen (eller motsvarande) eller yrkesexamen om 180 högskolepoäng (tre års heltidsstudier), följt av studier om 60 högskolepoäng (ett års heltidsstudier) med inriktning som varje högskola själv bestämmer

- **Masterexamen**
  Akademisk examen som uppnås efter fullgörande av 120 högskolepoäng (motsvarande två års heltidsstudier) på avancerad nivå.

- **Opponent**
  Person som har i uppdrag att granska och offentligt diskutera doktorsavhandling vid doktorsdisputation.

- **Personalansvarsnämnd**
  Är ett organ som fattar beslut i ärenden som rör disciplinansvar (varning, löneavdrag), uppsägning på grund av personliga skäl och avsked, åtalsanmälan och avstängning.

- **Prefekt**
  Chef på en institution med ansvar över forskning, utbildning, personal och ekonomi. Prefekten ansvarar för anställdas och studenters arbetsmiljö.

- **Professor**
  Den högsta akademiska titeln som tilldelas personer som uppnått den högsta nivån av expertis inom sitt ämnesområde.

- **Professorsinstallation**
  Utöver doktorspromotionerna är professorsin-
  stallationerna den tradition som förekommer vid
  samtliga svenska universitet. På många lärosäten
  installeras numera även sk befordrade professo-
  rer. Installationen är en högtid som är gemensam
  för hela universitetet och det är universitetets rek-
  tor som installerar den nyutnämnde professorn.

- **Program**
  En fastställd serie av kurser som leder till en aka-
  demisk examen. Kurserna kan var fasta och val-
  bara.

- **Programledare**
  Ansvarar för ett program på universitet.

- **Promotor**
  Är den som promoverar - skall själv vara professor
  samt doktor.

- **Prorektor**
  Rektors ställföreträdare. Utses av universitetssty-
  relsen.

- **PUKAS** (Planerings- och uppföljningssystemet för
  kurs- och studieplaner) var administrativa system
  som togs fram i Sverige under 1970-talet, som en
  del av högskolereformen 1977.

- **Regleringsbrev**
  Är ett regeringsbeslut som årligen utfärdas för att
  styra svenska myndigheters verksamheter. I regle-
  ringsbrevet beslutas om universitetets uppdrag
  samt ekonomisk tilldelning.

- **Rektor**

  Universitetets högsta chef som utses av rege-
  ringen och är den högste företrädaren internt och
  externt.

- **Seminarium**

  Ett seminarium är en akademisk sammankomst
  där deltagarna diskuterar och analyserar ett speci-
  fikt ämne, ofta under ledning av en expert eller lä-
  rare.

- **Strategiska forskningsområden**

  Områden där man bedömer att svensk forskning
  har särskilda möjligheter att nå genomslag i ett in-
  ternationellt perspektiv.

- **Studentkår**

  En medlemsorganisation som verkar för studen-
  ternas intressen, dels genom att bevaka utbild-
  ningarnas kvalitet och dels genom att samordna
  alla olika program- och intresseföreningar.

- **Takbelopp**

  Regeringen beslutar årligen om ett takbelopp för
  varje universitet och högskola. Detta belopp anger
  det maximala anslag ett lärosäte kan få för grund-
  utbildning under året.

- **Tentamen**

  Kallas tenta i vardagligt tal. En tentamen är en be-
  nämning på en examination som kan vara skriftlig
  eller muntlig.

- **Tjänsteförslagsnämnd**

  En nämnd, som förbereder urvalet vid tillsättning
  av professorer, universitetslektorer m.m.

- **Tredje uppgiften**
  Syftar på universitetens ansvar att, utöver utbildning och forskning, också samverka med det omgivande samhället och sprida kunskap utanför akademin.

- **UKAS** (Universitets- och högskoleadministrativa systemet) var reformförslag som togs fram i Sverige under 1970-talet, som en del av högskolereformen 1977.

- **Universitets- och högskolerådet (UHR)**
  Är en svensk statlig myndighet under utbildningsdepartementet. Myndigheten har kontor i Stockholm och Visby. I Universitets- och högskolerådets uppdrag ingår bland annat:
  - att ge information inför högskolestudier, ansvara för högskoleprovet, ta fram regelverk och samordna antagningen till högskolan.
  - att utveckla och förvalta IT-system och e-tjänster åt utbildningssektorn.
  - att förmedla internationella utbyten och kompetensutveckling för hela utbildningskedjan.
  - att bedöma utländska utbildningar.
  - att främja breddad rekrytering och arbeta för lika rättigheter och möjligheter inom högskolan.

- **Universitetsadjunkt**
  En lärare med grundläggande universitetsutbildning och pedagogisk skicklighet som undervisar studenter men som vanligtvis inte har doktorsexa-

men.

- **Universitetsdirektör**
  Samma som lärosätets förvaltningschef
- **Universitetskansler**
  Är en titel för den högste tjänstemannen inom svenskt universitetsväsen. Från 1 augusti 2017 tituleras chefen för UKÄ generaldirektör.
- **Universitetskanslersämbetet (UKÄ)**
  Universitetskanslersämbetet är en statlig myndighet. De arbetar med tre områden:
  - Studenträtt och tillsyn
  - Statistik och uppföljning
  - Granskningar av utbildningarnas kvalitet, forskning och samverkan
- **Universitetslektor**
  Lärare och forskare som har doktorsexamen och pedagogisk skicklighet.
- **Uppdragsutbildning**
  Utbildning som sker på uppdrag av en arbetsgivare och mot en avgift. Det handlar oftast om kompetensutveckling för anställda, där arbetsgivaren köper utbildningen från ett lärosäte.
- **Vetenskapsområden**
  Universitetskanslersämbetet prövar om en högskola som inte är ett universitet ska tilldelas ett eller flera så kallade vetenskapsområden. Om en högskola tilldelas ett vetenskapsområde innebär det bland annat att högskolan får bedriva forskarutbildning och utfärda doktorsexamen inom detta område.

- **VFU**
  Verksamhetsförlagd utbildning
- **Vicerektor**
  Har ett särskilt ansvarsområde inom ett lärosäte, till exempel för samverkan med omgivande samhälle eller för forskning. Utses av rektor.
- **Yrkeshögskola**
  En eftergymnasial utbildning som fokuserar på specifika yrken. Utbildningarna varar oftast mellan ett och tre år och kombinerar teori med praktik på arbetsplatser.
- **Ämne**
  Ett visst kunskapsområde där det bedrivs undervisning och forskning.

FÖRFATTARENS TACK

Under arbetet med denna bok har jag förstått att boken fyller ett tomrum och många har efterlyst denna typ av beskrivning kring ett universitets inre liv.

Ett varmt tack till de, som på olika sätt bidragit till att denna kommit till stånd genom manusläsning och förslag till förbättringar och förtydliganden. För innehållet ansvarar jag ensam.

Tack till Christina Ullenius, Thomas Blom, Jan van Stam, Margareta Eriksson, Per Echeverri och Elisabeth Wennö.

Lars-Arne Sjöberg

REFERENSER

[1] https://www.so-rummet.se/fakta-artiklar/medeltidens-universitet
[2] https://sv.wikipedia.org/wiki/Universitet_i_Bologna
[3] SOU 2016:29Start+1Start+1
[4] Administratörerna – Ola AgevallAcademia+1Academia+
[5] https://gamla.uka.se/download/18.49cd677e17db7b6cdf97f3/1639583806873/rapport-2021-12-14-Kvalitetskriterier-for-benamningen-universitet-regnr-412-00204-21-(002).pdf
[6] https://sv.wikipedia.org/wiki/Professor_(Sverige)
[7] https://www.publikt.se/debatt/autonomireformen-ledde-till-att-makten-pa-larosatena-centraliserades-24655
[8] https://www.statistikdatabasen.scb.se/pxweb/sv/ssd/START__UF__UF0301__UFO301U/UoHUtgLaroAmne/table/tableViewLayout1/
[9] https://www.vr.se/
[10] https://www.bing.com/search?q=Stiftelsen+f%C3%B6r+strategisk+forskning&cvid=15250c56db0e4ac3ab0bf70cfab64d1a&gs_lcrp=EgRlZGdlKgYIABBFGDsyBggAEEUYOzIGCAEQABhAMgYIAhAAGEAyBggDE-AAYQDIGCAQQABhAMgYIBRAAGEAyBggGEAAYQDIGCAcQABhA0gEIMzA1MGowajSoAgi-wAgE&FORM=ANAB01&adppc=EDGEESS&PC=SCOOBE
[11] https://www.kks.se/kk-stiftelsen/

[12] https://www.bing.com/search?q=Stiftel-sen+f%C3%B6r+internationaliser-ing+av+h%C3%B6gre+utbildning+och+for-skning+(STINT)&cvid=706b4e06134d49d5a3b805ed9dfa4e5e&gs_lcrp=EgRlZGdlKgYlABBFGDkyBggAEEUY-OdIBCDI5NDZqMGo0qAIIsAIB&FORM=ANAB01&adppc=EDGEESS&PC=SCOOBE

[13] https://www.bing.com/search?q=Insti-tutet+f%C3%B6r+interna-tionell+milj%C3%B6ekonomi+(IIIEE)&cvid=884f084929494db8b36ddad22b3d55f9&gs_lcrp=EgRlZGdlKgY-lABBFGDkyBggAEEUY-OdIBCDIxMjBqMGo5qAIIsAIB&FORM=ANAB01&adppc=EDGEESS&PC=SCOOBE

[14] https://www.rj.se/Var-organisation/

FSC
www.fsc.org
MIX
Papper från
ansvarsfulla källor
Paper from
responsible sources
FSC® C105338